rowohlts monographien
begründet von Kurt Kusenberg
herausgegeben
von Klaus Schröter

Jacques Offenbach

mit Selbstzeugnissen
und Bilddokumenten
dargestellt von
P. Walter Jacob

Rowohlt

Dieser Band wurde eigens für «rowohlts monographien» geschrieben
Den Anhang besorgte der Autor
Herausgeber: Kurt Kusenberg · Redaktion: Beate Möhring
Umschlagentwurf: Werner Rebhuhn
Vorderseite: Jacques Offenbach. Fotografie von Nadar.
Bibliothèque Nationale, Paris
Rückseite: Jacques Offenbach. Karikatur von Étienne Carjat.
Sammlung Werner Rebhuhn

Veröffentlicht im Rowohlt Taschenbuch Verlag GmbH,
Reinbek bei Hamburg, August 1969
Copyright © 1969 by Rowohlt Taschenbuch Verlag GmbH,
Reinbek bei Hamburg
Alle Rechte an dieser Ausgabe vorbehalten
Gesetzt aus der Linotype-Aldus-Buchschrift
und der Palatino (D. Stempel AG)
Gesamtherstellung Clausen & Bosse, Leck
Printed in Germany
880-ISBN 3 499 50155 4

22.–24. Tausend Januar 1988

Inhalt

Jacques Offenbach. Um 1870

Am 20. Juni 1819 wird dem Synagogenkantor und Musiklehrer Isaac Offenbach in Köln, im Hause Alter Griechenmarkt Nr. 1, von seiner Frau, der geborenen Marianne Rindskopf, der zweite Sohn, das siebte Kind, geschenkt. Der Knabe erhält den Namen Jakob (Jacob). Das Geburtshaus steht nicht sehr weit entfernt von jenem Platz, der heute seinen Namen trägt.

Der Kölner Offenbach-Platz mit seinem symbolgeschmückten Brunnen liegt vor dem nach dem Zweiten Weltkrieg neu erbauten Theater-Komplex der Stadt Köln, neben der berühmten Glockengasse, die für die Familie Offenbach eine fast gleich bedeutsame Rolle wie für den internationalen Ruhm der Rheinmetropole spielt. Er zeigt im Straßenschild Namen, Lebensdaten und Beruf des heute vielleicht berühmtesten Kölners an. Jenen Namen, der von 1933 bis 1945 in seiner Heimat nicht genannt werden durfte, den Namen eines Musikers, der alles andere als ein «Klassiker» ist, dessen Bild und Werk heute wie vor fünfzig, vor hundert Jahren umstritten, von den einen hymnisch gelobt, von den anderen eifervoll verdammt wird, dessen Erscheinung, Wirken und Schaffen aber aus dem Europa des 19. und 20. Jahrhunderts nicht wegzudenken ist.

Einen halben Kilometer vom Offenbach-Platz an der neuen Kölner Oper entfernt, befindet sich die Straße oder Gasse, in der bis 1870 das Geburtshaus Offenbachs stand. Die Gegend hat sich heute verändert. Kaum zu ahnen, daß dieser Straßenzug ein Teil des Kölner Judenviertels war, in dem das kleine «Jaköble», auch «Köbesche» genannt, Trödlerwagen, Handelslärm, Verkäufergeschrei, das Volkstreiben aufgeregten Marktbetriebes als ersten Jugendeindruck mitbekommt und bewahrt. Diesen Lärm, dieses Gedränge, die Rufe in echt Kölscher Mundart, untermischt mit uraltem Ghetto-Jargon, wird Offenbach ebenso wenig vergessen wie die Musik, die er im vorbildlich bürgerlichen Familienkreis, vor allem von seinem musikbeflissenen Vater, vernimmt. Dieser Vater hat eine lange, nicht leichte Wanderschaft hinter sich. 1779 im kleinen, engen Judenviertel der Stadt Offenbach am Main geboren, trägt er den Namen Isaac Juda Eberst und ist der Sohn eines Synagogensängers und Jahrmarktsmusikanten. In einem jüdischen Druckereibetrieb hat er die Buchbinderei erlernt, aber stärker als diese handwerkliche Ausbildung wirkt sich Liebe zur Musik, eine Naturbegabung zum Singen und Spielen bei ihm aus. Als er zwanzigjährig, elternlos, arm, von schmächtigem Aussehen, die Heimatstadt verläßt, steht in seinem Judenpaß, er habe die Absicht, «nach Carlsruhe und weiteres» zu reisen.

Aber Isaac Juda Eberst aus Offenbach schlägt nicht die südliche

Route nach Baden ein, sondern wendet sich westwärts, jenen deutschen Gefilden zu, die im Verlauf der napoleonischen Kriege an Frankreich gekommen sind, in denen die Juden bereits Staatsbürgerrechte besitzen, die ihnen das übrige Deutschland noch vorenthält. Den Rhein entlang zieht Eberst von Synagoge zu Wirtshaus, von Judenschul zu Hochzeitsfeier, am Sabbat die heiligen, alttestamentarischen Gesänge in den Betstuben intonierend, an Sonntagen und zur Feierabendzeit zu Tanz und Volksbelustigung aufspielend. Uralt ist diese Vereinigung des Heiligen und Profanen in der Musikübung der durch Zeiten und Länder wandernden, seßhaft werdenden und wieder vertriebenen europäischen Judengemeinschaften. Der Chasan, der Vorbeter, der am Sabbat der Gemeinde den heiligen Niggun singt, aus der Thorarolle prophetische Weisheit in jahr-

Geburtsurkunde Jakob Offenbachs

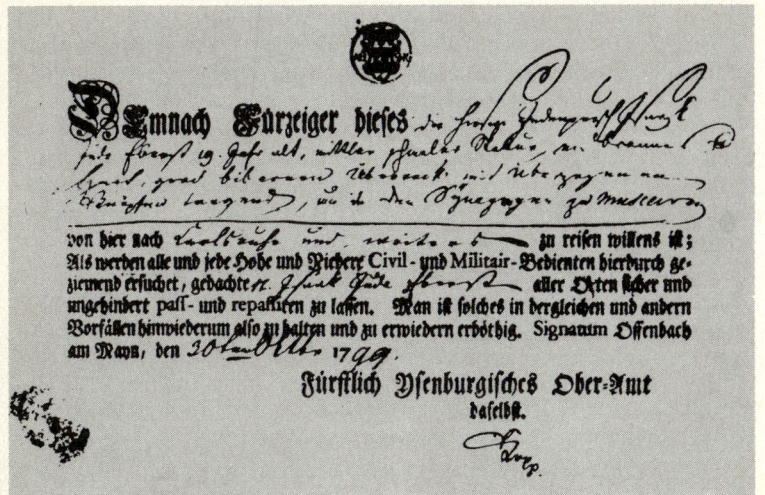

Reisepaß des Vaters Isaac Juda Eberst

hundertealter, psalmodischer Melodie vorträgt, spielt als Lezim am
Sabbatausgang zu Freude und Fest, ist als witziger Volkssänger und
Fiedler auch bei Nichtjuden beliebt und geschätzt. So auch Isaac Juda Eberst, «der Offenbacher» oder «der aus Offenbach» genannt,
der als Musikant mit Glauben und Temperament – um des Unter-
halts willen im Notfalle auch wieder als Buchbindergeselle –, ein
jüdischer Wandersbursch, den großen Strom entlangzieht.

In Deutz, dem Köln gegenüberliegenden Städtchen, wird er seßhaft, verliebt sich in ein jüdisches Mädchen, gründet mit ihm trotz
Widerstands der Brauteltern einen Ehestand, er, der «Armmann»,
der Habenichts, mit der Lotterieeinnehmer- und Geldwechsler-Toch-
ter Marianne Rindskopf, deren Familie generationenlang schon im
Rheinland lebt und wirkt. Die tägliche Lebensnot ist damit noch
nicht gebannt. Zwar gilt Deutz sozusagen als Vergnügungs-Vor-
stadt von Köln. Doch napoleonische Besatzung, Befreiungskriege und
Einzug der neuen preußischen Herren ergibt auch ein wirtschaftli-
ches Auf und Ab in der rechtsrheinischen Nachbarstadt Kölns, wo
Eberst sich nun endgültig «Offenbach» nennt [1*], und, um seine schnell
wachsende Familie einigermaßen durchbringen zu können, neben
seiner Tanzbodenfiedlerei recht oft auch wieder als Handwerker tätig werden muß. Das hindert ihn nicht, sich in weltlicher und geist-

---

* Die hochgestellten Ziffern verweisen auf die Anmerkungen S. 155 f.

licher Literatur umzusehen, Liedmusik zu komponieren, eine der schon bei Goethe erwähnten «Handwerksopern», das Singspiel «Der Schreiner in seiner Werkstatt», zu verfassen, das er mit kunstbeflissenen Deutzer Bürgern auch zu halböffentlicher Aufführung bringt.

1816 beschließt Isaac Juda Offenbach, den Rhein zu überqueren, um sich mit Frau und inzwischen fünf Kindern in Köln niederzulassen; es ist kein leichter Entschluß. Denn wenn der wirtschaftliche Aufschwung von Deutz infolge der Zeitumstände auf Jahre unterbrochen scheint, sind doch auch die Aussichten in Köln alles andere als rosig. Seit dem Einzug der Preußen weht hier wieder ein stark antisemitischer Wind, in den Ämtern, im gesellschaftlichen und auch im künstlerischen Leben spürbar.[2] Aber allen Gefahren zum Trotz können sich die seit 1798 wieder geduldeten und seit 1802 in einer Gemeinde zusammengeschlossenen Kölner Juden halten, und die Übersiedlung Isaac Offenbachs und seiner Familie ist endgültig.

Mehrere Jahre hindurch figuriert Vater Offenbach in einem Kölner Adreßbuch der Gewerbetreibenden als einziger professioneller Musiklehrer der Stadt; vielseitig wie in allem, unterrichtet er nebeneinander Gitarre, Flöte, Violine und Gesang, schreibt Übungsstücke für alle diese Disziplinen, um mit Stunden, Schreiben, Komponieren recht und schlecht die vielköpfige, weiterwachsende Familie zu ernähren. Froh und dankbar über die im Jahre 1825 erfolgte Berufung zum Vorbeter der Kölner Synagogengemeinde, versieht «Vater Offenbach» nicht nur einen anstrengenden Dienst, unterrichtet daneben, liest, schreibt und publiziert in ununterbrochener Folge. Ein heller Kopf, mit allen Entwicklungen und Tendenzen seiner Zeit vertraut, befaßt er sich besonders mit der großen jüdischen Reformbewegung der Assimilationsjahre.[3] Im Zuge ihrer Bestrebungen gibt Vater Offenbach 1838 eine neue deutsche Übersetzung der «Hagadah» heraus, jenes häuslichen Ritualbuches zum Passah-, dem jüdischen Überschreitungs-Fest, in dessen musikalischer Umrahmung er altergebrachtes jüdisches Musikgut mit romantischer, balladesker Liedmusik deutscher Provenienz mischt. Eines der darin veröffentlichten Lieder Isaac Offenbachs (das sogenannte «Lämmchenlied») ist fälschlicher-, aber verständlicherweise unter dem Namen des späteren Operetten-Komponisten («Jacques Offenbach») in die jüdisch-religiöse Hausliteratur eingegangen. Es zeigt die Art, in der Isaac Offenbach sein Kantorenamt versteht. Mit offenem Ohr lauscht er der Musik Schuberts, Schumanns, Webers. Vor allem des letzteren Oper «Freischütz» macht auf ihn tiefsten Eindruck (wie auch Sohn Jakob diese Vorliebe des Vaters sein ganzes Leben hindurch teilt und des öfteren in Wort und Schrift betont). Nach alter jüdischer Spielmannsart übernimmt Isaac Offenbach so manche volkstümliche Me-

Der Vater: Isaac Offenbach. Kreidezeichnung

lodie zeitgenössischer, weltlicher Komposition in seine teils dramatisch akzentuierte, teils mit Gesangskoloraturen und Instrumentalimitationen ausgestaltete synagogale Vortragskunst, die sich dem
musikalisch begabten Sohn einprägt, ja, in Jakob Erinnerungen und
Anregungen fürs ganze Leben hinterläßt.

Das Elternhaus mit seiner Zärtlichkeit, seiner religiösen Verbrämung aller Alltagsdinge, das Singen, Spielen, Komponieren des Vaters, in dem sich Tempelgesang und moderne Opernfloskeln, deutsches, typisch rheinisches Volksliedgut und Tanzrhythmus neuester
Mode in seltsam plastischer Form mischen, wird in Jakobs Gedanken und Träumen, auch in seiner Komposition bis ans Ende seiner
Tage fortleben. Die Erinnerung an Kölner Kindheitseindrücke wird
seiner tänzerischen, oft mit beißendem Spott karikierenden Musik

Vom Vater 1811 herausgegebenes Gebetbuch (Hagadah) mit dem Namenszug des jungen Jakob

immer wieder jenen exotischen Klang und die erregende Melodienfülle geben, die nicht zuletzt das Wesen Offenbachscher Kunst ausmachen, die sie über Zeit- und Stil-Wechsel lebendig erhalten.

Daß jedes der Offenbach-Kinder ein Instrument zu spielen hat, ist ebenso selbstverständlich, wie Vater Isaac alles tut, um seinen Sprößlingen nach Möglichkeit eine Schul- und Allgemeinbildung angedeihen zu lassen. Er ist nicht nur mit viel Erfolg bestrebt, das Vorbeteramt bei der Gemeinde auszubauen, er setzt nicht nur für die inzwischen vielköpfige Familie eine Dienstwohnung in einem der Synagoge unmittelbar benachbarten Haus, Glockengasse Nr. 7, durch, er schickt auch seine Kinder in die auf demselben Synagogengrundstück untergebrachte jüdische Grundschule. Von deren Unzulänglichkeit berichtet nicht nur ein amtliches Schriftstück der städtischen Schulkommission in Köln – auch der damalige Schulkamerad Jakobs, Albert Wolff, später, zur großen Offenbach-Zeit, in Paris Kritiker und Feuilletonist am «Figaro», hat nicht gerade Günstiges über die Zustände dieser Bildungsanstalt in seinen Memoiren und Artikeln hinterlassen. Vater Offenbach, der 1839 ein «Allgemeines Gebetbuch für die israelitische Jugend, hebräisch und deutsch» herausgibt, versucht durch häusliche Nachhilfe den Mangel eines geregelten Schulstundenplans auszugleichen. Daß ihm neben dem Musikalischen dabei das Religiöse am wichtigsten erscheint, versteht sich schon aus seinem Amt, wenn er auch einem sehr liberalen, mit den weltlichen Lebenserfordernissen der neuen Zeit im Einklang stehenden religiösen Stil zuneigt.

Für den kleinen Jakob wird allerdings der musikalische Unterricht neben ein paar Unterweisungen eines französischen Sprachlehrers das wichtigste im Rahmen der häuslichen Lehrgänge. Den Sechsjährigen lehrt der Vater das Violinspiel, in dem Jakob sehr bald überdurchschnittliche musikalische Begabung zeigt. Mit acht Jahren überrascht er den Vater, der ihn auch in die Grundlagen der musikalischen Komposition einzuweisen sucht, mit eigenen kleinen Schöpfungen. Der Neunjährige entdeckt im Hause ein Cello, versucht ihm Töne zu entlocken, wozu die kindlichen Kräfte kaum ausreichen. Heimliches Studium, Selbstunterricht auf dem Dachboden erschließen ihm mit der Zeit dann doch die Geheimnisse dieses Instruments, das mehr und mehr sein Liebling wird. Ein Zufall läßt Vater und Familie schließlich die heimliche Cello-Leidenschaft des Knaben entdecken – sei es, daß Vater Offenbach eines Tages die geheimen Etüden seines Sohnes in der Wohnung hört, sei es, wie die Legende erzählt, daß bei einem Haydn-Quartettspiel Köbesche für den erkrankten Cellisten dessen Part prima vista übernimmt. Jedenfalls sucht Isaac Offenbach für seinen zehnjährigen Sohn, da er selber den «Baß» (wie das Instrument altmodisch noch heißt) nicht spielt und lehrt, einen geeigneten Lehrer, den er in dem Glaubensgenossen und damals schon alternden Cello-Virtuosen Joseph Alexander findet.

«Herr Alexander», wie der Volksmund ihn nennt, in früheren Jahren ein Meister seines Fachs, dessen bei Breitkopf und Härtel erschienene «Anleitung zum Violoncellspiel» vielen Schülern und Enkelschülern als wertvolle Anregung gedient hat, ist zur Zeit, da der junge Offenbach sein Zögling wird, immer noch ein auch von der Presse beachteter Künstler. Gleichzeitig aber ist er ein Kölner Original, das sich den etwas abseitigen Volkstypen des Althändlerviertels – allerdings auf gänzlich anderer Sozial- und Bildungsstufe – anreihen läßt. Durchaus nicht unvermögend, geizig bis zum Exzeß, in unmöglichem Aufzug durch die Straßen ziehend, mit jeder Geste den ihm verliehenen Spitznamen «Der Künstler» rechtfertigend, muß er für den kindlichen Cellisten Offenbach eine Zeitlang doch ein unschätzbarer Lehrer gewesen sein. Manche Kenntnis klassischer Musikstücke, auch melodische Floskeln aus Alexanders Cello-Piècen, lassen sich unschwer in späteren Offenbach-Kompositionen ebenso wie die Vorbeter- und Geiger-Melodik Vater Offenbachs wiedererkennen. Alexander, in seiner Glanzzeit einer der gefeiertsten Romberg-Spieler [4], vermittelt seinem Schüler die Werke des von ihm hochgeschätzten Violoncell-Komponisten, darüber hinaus jenen gefühlsgeladenen und zugleich hochdramatischen Vortragston, der an so vielen gerade jüdischen Meistern dieses Instruments im 19. Jahrhundert gerühmt wird.

Das bei «Herrn Alexander» für teures Unterrichtshonorar Erlernte muß auch finanziellen Gewinn für die immer noch mangelhaft versorgte Familie bringen: Aus der Schwester Isabella und den Brüdern Julius und Jakob stellt Vater Offenbach ein Instrumentaltrio zusammen, das in verschiedensten Kölner Altstadt-Etablissements Unterhaltungskonzerte gibt. Manches Mal wird nachmittags in Kaffeezirkeln, des Abends an alten Kölner Stammtischen musiziert. Dabei wird das Alter der Sprößlinge, um die Wunderkind-Sensation zu verstärken, ein wenig herabgesetzt. Für Entwicklung und Laufbahn des kleinen Cellospielers werden die Eindrücke bei diesen Kaffeestuben- und Wirtshauskonzerten ebenso bestimmend wie das im Elternhaus und in der Synagoge Gehörte, gilt es doch, durch leichte Unterhaltungsmusik, durch Opern- und Liedmelodien der Zeit wie durch «schmissig» vorgetragene Tänze das Unterhaltungsbedürfnis eines einfachen, bunt zusammengewürfelten Publikums zu befriedigen.

Schon jetzt fällt der Arbeitseifer, die Zähigkeit des noch kindlichen Instrumentalisten auf. Während das «Wunderkind» mit seinen Geschwistern in Wirtshäusern musiziert, wird das Cellostudium so weit vorangetrieben, daß «Herr Alexander» Vater Offenbach gegenüber meint: «Da setzt der Lotterbub sich hin und spielt Stücke, die ich nicht einmal zu spielen wage!»[5] Was bei dem «Künstler» zu

Anzeige der von den Kindern Offenbach ausgeführten Wirtshaus-Unterhaltungsmusik

Die Geschwister Offenbach, 3 Kinder von 10 — 12 und 14 Jahren, werden von heute an, den ganzen Winter hindurch, jeden Sonn- und Feiertag, so wie auch jeden Donnerstag eine musikalische Abend-Unterhaltung auf Piano-Forte, Violin und Violoncell geben, wobei sich durch gute Weine so wie auch durch kalte und warme Speisen bestens zu empfehlen sucht, Jeandre, im Gymnicher Hofe, Neumarkt Nro. 3.

Jugendbildnis Offenbachs. Elfenbeinminiatur

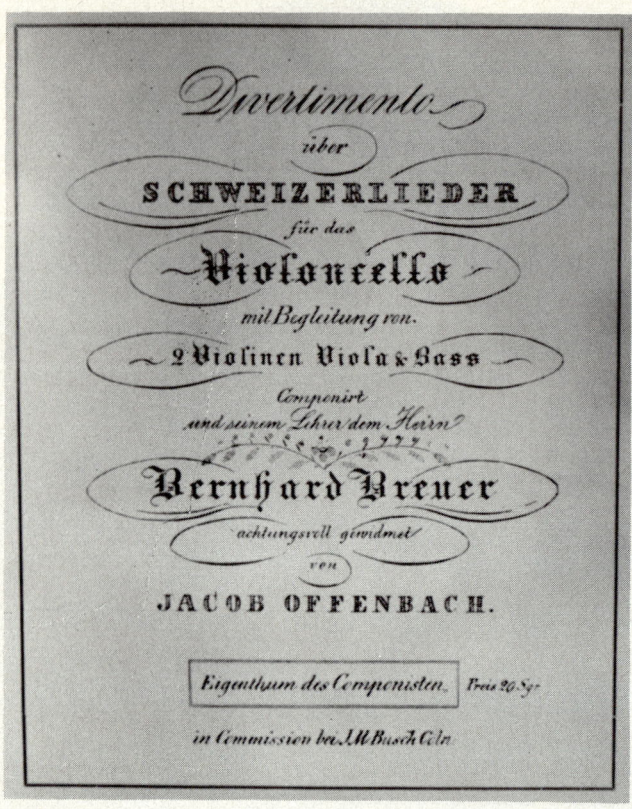

Titelblatt der ersten gedruckten Komposition Offenbachs, 1833

lernen war, hat Köbesche sich angeeignet. Bei dem angesehenen Mitglied des Kölner Theaterorchesters Bernhard Breuer setzt der Zwölfjährige seine Studien fort, und nicht nur auf dem Cello, das er mit jener etwas frühreifen Virtuosität jetzt beherrschen lernt, die ihm kurze Zeit später die Pforten des Pariser Konservatoriums öffnen wird. Auch in die Grundlagen des Generalbaßspiels wird Offenbach bei seinem zweiten Cellolehrer eingeweiht. Das beim Vater schon im musikalischen Satz Erlernte wird jetzt eilig vervollkommnet und überprüft. Jakobs erste gedruckte Komposition, ein *Divertimento über Schweizerlieder für das Violoncello* und begleitendes Streichquartett, ist zwar ganz im Stile seines ersten Lehrers Alexander geschrieben, benutzt dessen rhapsodisch-gefühlvolle Art in der Melodik ebenso als Anregung und Vorbild wie die eindringlich-schwermütigen Synagogal-Kompositionen des Vaters, aber sie ist seinem neuen, zweiten Lehrer gewidmet.

Und dieser Lehrer Bernhard Breuer wird nach vielerlei Richtung einer seiner wichtigsten Förderer. Jakob lernt durch ihn die Aufführungen des Kölner Theaters kennen, zu dem ihm Breuer als Orchestermusiker des Hauses Zutritt verschafft; er sieht und hört die Werke des damals gängigen Opern- und Vaudeville-Repertoires [6], spielt daraus im Unterricht wohl auch wesentliche Bruchstücke. Als melodische Anregung werden sie bis zu seinem Lebensende immer wieder bei ihm wirksam sein, wie die Synagogengesänge seines Vaters und der witzig-freche Volkston der Karnevalslieder, die dem kleinen Kneipenmusikanten in Kölner Gaststätten entgegenklingen, die er improvisierend mitspielen und mitsingen muß.

Lehrer Breuer tut ein Übriges, Jakob Offenbach den Kölner Karneval zum nie vergessenen Jugenderlebnis zu machen. Breuer gehört zu den Karnevalskomponisten seiner Zeit. Köln, das 1823 den ersten großen Karnevalszug in heutiger Form durch seine Straßen ziehen sieht, klingt wieder von Liedern, die das Volk sich selber schafft, die es Liedschöpfern wie Breuer dankbar aus den Händen reißt und zu Volksliedern werden läßt. Was ein Volksfest, was Massenvergnügen ist, das lernt der mit den Geschwistern im Wirthaus Cello spielende Jakob Offenbach als Zehn- bis Zwölfjähriger kennen, das zeigt ihm Breuers Karnevalskomposition im häuslichen Unterricht auf höherer Stufe wieder. In den Gassen und Straßen Kölns, im Hänneschen- und Volkstheater lernt er auch karnevalistische Theaterkunst, das echt Kölsche Divertissementchen, kennen.[7]

Was Offenbach an Kölner Karnevalstheater in diesen Jahren sieht, die Verulkung des antiken olympischen Götterreiches, die Verspottung mittelalterlichen Sagengutes, die Parodie auf das moderne städtische Leben in seiner Vaterstadt, das wird ihn begleiten in jene andere, größere Metropole, die bald seine Wahlheimat werden soll. Und wenn er sich viele Jahre später in Paris so heimisch fühlen wird, daß er die Tatsache seines «Preußentums» am liebsten «ausradieren» möchte: die Lieder seiner Kindheit, das Karnevalstheater seiner Geburtsstadt am Rhein haben ihn nie verlassen. Mehr als eines seiner Haupt- und Meisterwerke zieht wesentliche Anregungen aus Kölner Divertissementchen, und bis in die späten Werke hinein verfolgt ihn – nicht als Dämon, sondern als unverlorene, geliebte Kindheitserinnerung – die deutsch-jüdische Heimat in Köln, das Elternhaus, der synagogale Gesang, die Kneipenmusik und das Theater der Volkstypen, der mitsingenden, mittanzenden Bürger und Handwerker, der Frauen und Männer aus rheinischem Volk, für die er zum ersten-, nicht zum letztenmal in seinem Leben, als Kind noch, der Unterhalter, der Aufspieler zum Tanz, der mit Beifall und Laune belohnte Musiker ihres Amüsements gewesen ist.

Nicht lange allerdings dauert diese erste Musikerzeit, im Kindesalter und mit dem elterlichen Haus als Rückhalt. Die raschen Fortschritte, die Jakob im Cellospiel, in der Harmonie- und Kompositionslehre macht, seine aufgeweckte Art, sein Fleiß und seine Ausdauer lassen es Vater Offenbach ratsam erscheinen, nach neuen Lehrern, nach neuen Möglichkeiten Ausschau zu halten. Auch der vier Jahre ältere Bruder Julius, nach Vater Offenbachs Meinung ein überdurchschnittlich begabter Geiger, soll nach Möglichkeit mit Jakob zusammen an einem «richtigen Konservatorium», das Köln nicht aufzuweisen hat, fachgemäße Ausbildung erhalten.

Viel hat der auf seine Söhne stolze Vater vom Pariser Konservatorium gehört, und aus dem Freundes- und Bekanntenkreis der Familie sind bereits mehrere strebsame junge Leute in die französische Hauptstadt gegangen, um dort ihr Glück zu versuchen. Paris gilt als die aufgeschlossenste und vorurteilsloseste Stadt Europas, in der schon eine Reihe von Künstlern ausländischer und jüdischer Herkunft ihr Glück gemacht haben; die bekanntesten unter ihnen sind Heine und Meyerbeer.

So kommt der Tag, da Vater Offenbach – im Herbst 1833 – den schweren und vor allem für Mutter Offenbach schmerzlichen Entschluß faßt, mit seinen beiden Söhnen nach Paris zu fahren, eine Reise von damals vier bis fünf Tagen, zu der die ganze Familie mit Ersparnissen und Opfern ihren Beitrag leistet. «Heute, den 9. Oktober, werden Unterzeichnete, welche zu ihrer Ausbildung nach Paris zu reisen gesonnen sind, von mehreren verehrlichen Dilettanten sowohl als vom Städtischen Orchester gütigst unterstützt, ein Abschieds-Konzert im Saale des Herrn Horst zu geben sich beehren, und bitten ein kunstliebendes Publikum um gefälligen Zuspruch. Gebrüder Offenbach.» Der in der «Kölnischen Zeitung» mit dieser offenbar von Vater Offenbach lancierten Anzeige angekündigte Konzertabend muß ein harmonischer Abschluß der Kölner Kindheitsjahre Jakob Offenbachs gewesen sein. Seine rühmende Erwähnung darf auch in der Kölner Stadtgeschichte nicht fehlen: Musikinteressierte und Berufsmusiker der Heimatstadt haben zur Schicksalsfahrt des kleinen jüdischen Mitbürgers Jakob Offenbach ihr Scherflein beigetragen.

Das Konservatorium in Paris

FAHRT INS JUSTE MILIEU

Keine Reise im Leben Offenbachs ist wieder von so schicksalhafter Bedeutung gewesen wie die Fahrt von Köln nach Paris im November 1833. Der Empfang der drei Offenbachs an der französischen Grenze scheint nicht besonders erfreulich gewesen zu sein. Eine minuziöse Prüfung ihrer Judenpässe verlängert die heute ohnehin ungewöhnlich lange erscheinende Fahrt um Stunden, um eine ganze Nacht.[8]

Als man schließlich an einem regnerisch-kalten Tag die Seine-Metropole erreicht, hat Vater Offenbach durchaus keinen Sinn für das Brausen der Großstadt, das seine beiden Söhne noch in ihrer Reisemüdigkeit berauscht. Nur eines hat er im Sinn: die Jungen schnellstens «unterzubringen», persönlich bei befreundeten Glaubensgenossen, beruflich bei guten Lehrern, die Fortschritt und Erfolg garantieren. So ist einer der ersten Besuche in Paris dem greisen Leiter des Konservatoriums, Luigi Cherubini, gewidmet. Auf diesen Sonderling mit Charakter machen Empfehlungsschreiben keinen Eindruck, und wenn er die Offenbachs auch empfängt, so teilt er ihnen doch auch sofort mit, daß das Statut des Conservatoire die Aufnahme von Ausländern ausschließt. Vor zehn Jahren ist der junge Franz Liszt ein Opfer dieser Bestimmung geworden. Daß es Offenbach nicht ebenso ergeht, muß seinem schon damals ausgezeichneten Cellospiel zugeschrieben werden. Als Vater Offenbach es mit viel Nachdruck erreicht, daß sein Sohn dem Maestro zumindest vorspielen darf, hat der schmächtige, blasse Junge seinen Vortrag kaum beendet, korrigiert Cherubini die Satzung des Instituts: «Jakob, du bist Schüler des Konservatoriums!» Unter dem 30. November 1833 verzeichnet das Register der Studierenden die Aufnahme des Preußen Jakob Offenbach in die Cello-Klasse von Professor Vaslin.

Drei Monate bleibt Isaac Offenbach bei seinen Söhnen in Paris, vielleicht in der Hoffnung, für sich selbst eine Anstellung bei einer der großen jüdischen Gemeinden zu finden. Über einige gastweise gesungene Gottesdienste kommt er nicht hinaus. Immerhin bringt er die Söhne als Chorsänger in einem Pariser Tempel unter, um dann, nicht gerade überglücklich, zu seiner Familie nach Köln zurückzukehren.

Bruder Julius, der sich später «Jules» nennt und von dem der Vater nicht weiß, ob er ein besserer Geiger oder Finanzmann werden könnte, bleibt zeit seines Lebens im Schatten Jakobs. Durch diesen weiß die Nachwelt von ihm, daß er einmal die Geigerei für einen einträglichen Cafétier-Posten aufgibt, daß er sich in der französischen Provinz als Dirigent versucht, in Paris eine Zeitlang als Leiter des deutschen Gesangsvereins «Teutonia» fungiert. Ein begabter Violinist, führt er dennoch ein Schattendasein neben dem Bruder, spielt an zweiten Geigenpulten in den von Jakob geleiteten Theatern, bis er, sechs Tage nach des Bruders Tod, fast ungekannt und unbeachtet, auch dahingeht.

In den ersten Pariser Jahren ist er allerdings der Begleiter und Weggenosse Jakobs. In der Synagogen-Stellung halten es beide nicht lange aus. Und im Konservatorium, wo die Mitschüler den Preußen nicht selten wegen seines schlechten französischen Akzents verspotten, scheint Jakob auch nicht den Unterricht gefunden zu haben, dessentwegen er nach Paris gekommen ist. Preise kann er als Ausländer ohnehin nicht erringen. So genügt ihm wie vielen Kollegen die Ehre und Empfehlung, sich «Schüler des Konservatoriums» zu nennen, und zehn Monate nach seinem Eintritt verläßt er – «freiwillig», wie die Schülerliste ausdrücklich feststellt – wieder den mit soviel Mühe errungenen Studienplatz.

Wovon soll er leben in dieser Riesenstadt, deren Sprache er mangelhaft beherrscht, deren Leben an ihm vorüberbraust, in dieser Lichterstadt mit ihren eleganten Frauen und Kavalieren, ihren Bettlern und Straßenmädchen, ihren Künstlern und Bohemiens, ihren großen Plätzen und engen Gassen, ihren Theatern und ihren Salons? – Nun, die Sprache der Musik ist international; Noten lesen sich in allen Ländern der Erde gleich. So geht Offenbach den Weg der vielen, die aus dem Conservatoire ohne langes Suchen die Anstellung in einem der Theater- oder Konzert-Orchester finden. Ein paar Wochen lang wechselt er von einem Haus zum andern. Dann scheint ein vorläufiges Ziel erreicht: Als Violoncellist bleibt er (drei Jahre lang!) im Orchester der Opéra-Comique.

Zum erstenmal gehört Jakob Offenbach einem Theater als Mitglied an. Die Luft der Bühne bekommt ihm. Und wenn das Gehalt auch kaum zur bescheidensten Lebensführung reicht, ein Flair, ein Lufthauch, den er liebt, ein «je ne sais quoi» hält ihn hier fest, läßt ihn die Fron des allabendlichen, langweiligen, in unendlichen Wiederholungen sich hinschleppenden Dienstes kaum empfinden. Es gilt zu lernen, sich das Repertoire zu erarbeiten, Bekanntschaften zu schließen. Ein junger Mann, Hypolite Seligmann, später als Cello-Virtuose viel genannt, sitzt am gleichen Pult, wird sein Freund, nimmt ihn, den Jungen von fünfzehn Jahren – das Alter, in dem andere sich im Elternhaus auf letzte Schuljahre vorbereiten –, nicht nur ernst, er gibt ihm Ratschläge, bringt ihn zu seinem Lehrer, dem angesehenen ersten Cellisten der Pariser Großen Oper, Louis Norblin.

Wichtiger noch als die Kumpanei mit Seligmann wird für Offenbach die Bekanntschaft mit dem berühmten und gefeierten Komponisten Fromental Halévy. *Im Jahre 1835 war «Der Blitz» von Halévy kaum in der Komischen Oper herausgekommen, als «Die Jüdin» in der Großen Oper erschien... Ich hatte mich heimlich des Abends gegen sechs Uhr im Hofe der Oper aufgepflanzt und erwartete mit Ungeduld den berühmten Meister. Kurz vor sieben Uhr kam Herr Halévy... ich näherte mich ihm und fragte mit etwas unsicherer Stimme, ob ich die «Jüdin» hören könnte. «Das ist sehr einfach», antwortete er mir, «und ich freue mich um so mehr, daß Sie mich hierum gebeten haben, als ich mich erinnere, daß Sie bei der Erstaufführung meines ‹Blitz› als Cellist mitgewirkt haben.»... «Legen Sie Wert darauf, gut zu sehen?»... «Meister, ich möchte vor allem gut hören.» – «Dann kommen Sie mit, wir werden die Jüdin auf Plätzen hören, wo man sehr schlecht sieht, die ich aber immer benutze, wenn ich mir von der Wirkung der Musik Rechenschaft ablegen will.» Wir stiegen zum dritten Rang hinauf, wo er eine Loge öffnete, und dort verloren wir nicht eine Note dieser herrlichen Partitur.[9]*

Seit dieser ersten Begegnung erhält Offenbach gelegentlichen Kompositionsunterricht von seinem berühmten Glaubensgenossen, über dessen Art und Umfang allerdings kaum etwas bekannt geworden

Die Pariser Börse

ist. Immerhin bedenkt Halévy Vater Offenbach in Köln im Jahre 1836 mit einem Brief, in dem dieser Unterricht und Offenbachs Begabung höchst lobend erwähnt werden.

Zwischen Heimweh, Einsamkeit und langsamem Eingewöhnen in die fremde Großstadt vergehen die ersten Pariser Jahre Jakobs, der nun sehr bald den deutschen Vornamen ändert und sich «Jacques Offenbach» nennt. Trotz Geldmangel und Hungerleiderei fordert Jugend ihr Recht auf Heiterkeit und Übermut. Es sind Späße simpelster Art, in denen er sich – meist zusammen mit Pultnachbar Seligmann – austobt. Bekannt ist der Spaß, wie beide sich verabreden, abwechselnd Note für Note ihren Cellopart zu spielen; eine empfindliche Geldstrafe läßt daraufhin ihre Gage zusammenschrumpfen. Aber was tut Ebbe in der Kasse, wenn man mit jungen, gleichgestimmten Künstlern ein Mansardenloch in der Rue des Martyres bewohnt.[10] Ist Geld vorhanden, lebt man fürstlich, sind die Taschen leer, muß Jacques, der jüngste im Hause, Rat schaffen, ein paar Kartoffeln von der Fruchthändlersfrau erschmeicheln, um sie dann, zu nobel, um mit Marktkorb die Straße zu überqueren, im leeren Geigenkasten heimzutransportieren.

Quer durch Paris muß Jacques Tag für Tag wandern, um vom Arbeitsplatz der Opéra-Comique in die Wohnmansarde im Montmartre-Viertel zu gelangen, die er zeitweilig mit seinem Bruder, später mit zwei Kölner Geigern teilt, den Brüdern Lütgen. Sie liegt in unmittelbarer Nähe der Kirche Notre-Dame-de-Lorette, nach der die leichtlebigen Damen des Quartiers die Bezeichnung «Loretten» tragen, und führt zum Boulevard Clichy, wo sich an der Stadtgrenze, vor der Barrière des Martyres, noch die Windmühlen drehen. Die Opéra-Comique dagegen ist in einem Theaterhaus gegenüber dem Prachtbau der Pariser Börse untergebracht.

So erlebt Jacques Tag für Tag die gegensätzlichsten Anblicke der ständig wachsenden, lärmenden, unruhvollen Stadt: Im Norden das einfache Volk von Paris, Arbeitsleute, Kleingewerbetreibende, Händlerinnen, Bettler und Loretten, die Straßenverkäufer und Handwerker mit ihren Rufen, den «cris de Paris», im Börsenbereich dagegen die Welt der Bankiers und Spekulanten, deren Kursrufe und Auftragsschreie heute wie zu Offenbachs Zeiten beängstigend die Gegend durchhallen. Und zwischen Börsen- und Kleinleute-Welt liegt die dritte, die eigenartigste Sphäre dieser Metropole, die für Offenbachs Neugier interessanteste, das Milieu, in dem er sehr bald heimisch werden wird: Die Boulevards.

Hier treffen sich alle Stände, hierhin strömt nach Feierabend das arbeitende Volk, hier thront auf den Caféterrassen, in den Feinschmeckerlokalen das Heer der Müßiggänger, hier bietet sich ein Jahrmarkt der Waren, der Menschen, der Typen dar, der den «Kölschen Jung» Offenbach nicht so sehr erschrecken als vielmehr begeistern kann. Ist hier ein immerwährender Karneval ausgebrochen? Ist das, was sich dem Auge an überquellenden Lokalen darbietet, was Straßenhändler feilbieten, was an Menschen durch die baumbestandenen Alleen treibt, in Passagen, Durchhäusern und Seitengassen sich staut, ein Produkt der Phantasie? Wälzt sich eine riesige Karnevals-Polonaise vorüber, oder ist es Wirklichkeit, was Jacques hier Tag für Tag auf seinen eiligen Märschen durch die Straßen von Paris zu sehen bekommt?

Sehr bald schon weiß er die Wirklichkeit dieses Pariser Lebens, dessen bester, heiterster und zugleich kritischster Schilderer er in einigen Jahrzehnten sein wird, zu erkennen. Noch fehlt ihm zwar das Geld, um sich im Café Tortoni, an den Stammtischen der Journalisten, niederzulassen, sich den Theaterleuten im Café Cardinal zuzugesellen, oder im Café de Paris dem Treiben der Dandies zuzusehen, die in ihrem exzentrischen Auftreten, mit grellbunter Kleidung, den Hut tief über den Kopf gezogen, von Liliputanern als Grooms begleitet, den letzten Schrei der Mode, der Extravaganz, des massenverachtenden Chics darstellen.

Aber an irgendeiner Straßenecke kann er als Kiebitz in die gerade gegründeten Witzblätter «Caricature» und «Charivari» schauen, aus ihnen und den «Blagues» der Eckensteher kann er erfahren, wer «Lord Seymour» ist, der als Held und Anführer aller snobistischen Verrücktheiten gilt, wie der versnobte, halbirre Marquis de Saint-Cricq die Cafés unsicher macht, indem er bestellte Speisen – mit der Maßgabe, dadurch seine Migräne zu bekämpfen – mit Tabak und Goldcreme würzt, um dann Wirte und Kellner für den seltsamen Geschmack verantwortlich zu machen. «Mylord L'Arsouille» wird auch Jacques zunächst für ein Pseudonym des mysteriösen Lord Seymour halten, bis er erfährt, daß ein ganz anderer hinter dessen Streichen steckt. Er wird die braven, Kaffee schlürfenden Bürger bedauern, die Henri Monnier zu Tode erschreckt und vertreibt, indem er sich ihnen als Henker von Paris vorstellt.

Wahnsinn? Karneval? mag der junge dürre jüdische Musikant aus Köln mit dem seltsamen, bebrillten Gesicht und dem noch seltsameren Sprachakzent, den abzustreifen ihm auch später kaum gelingen wird, sich wieder und wieder fragen. Aber was er zwischen sich stauenden Equipagen, im Gedröhn der Leierkästen und des Straßenlärms wahrnimmt, ist nichts anderes als der Alltag von Paris. Der Alltag der französischen Hauptstadt, wie er sich dem 1833 Zugereisten darbietet: Es ist das Paris der Restauration, wie der Wiener Kongreß es nach dem Sturz Napoleons I. erträumt und mit Hilfe der europäischen Dynastien geschaffen hat. Napoleons Nachfolger, König Ludwig XVIII. und Karl X., der ihn 1824 ablöst, haben alles getan, Frankreich in den Zustand von vor 1792, vor der großen Französischen Revolution, zurückzuversetzen. Auf den Versuch, die alte Königsherrschaft in reaktionärster Form wiedererstehen zu lassen, haben die Pariser Massen mit einem Aufstand im Juli 1830 geantwortet. Karl X. ist verjagt. Aber Frankreich ist von Ruhe und Sicherheit weit entfernt. Der soziale Strukturwandel, der mit fortschreitender Industrialisierung ein Dauerzustand wird, findet sein politisches Abbild im ständigen Wechsel der Staatsform und ihrer Träger.

Die Juli-Revolte von 1830 hat Louis-Philippe als Herrscher inthronisiert. Mit Stolz betont der «Bürgerkönig» eine fast republikanische Vergangenheit, indem er sich sehr selten zu Pferde und als Herrscher, um so häufiger aber mit dem zivilen Regenschirm zeigt. Wen repräsentiert er? Sicherlich nicht den vorrevolutionären Adel wie seine beiden Vorgänger. Noch weniger die Republikaner, die nach wie vor von der Staatsmacht ausgeschlossen, von allen Ordnungshütern beargwöhnt, ja verfolgt werden. Im Grunde ist der Geldadel die einzige Schicht, auf die der König mit dem Regenschirm sich stützen kann. Für sie, die Bankiers, die großen Kaufleute und Börsenmakler, die Bergwerksbesitzer, die Gutsituierten der neu emporgekommenen Gesellschaft führt Louis-Philippe seine ängstlich gemäßigte Politik des «juste milieu», der richtigen Mitte, die nach außen Ruhe hält, die sich lieber demütigt als kriegerische Verwicklungen zu schaffen, die innenpolitisch die Schläge geschickt nach links und rechts verteilt. So wird die neue Geldaristokratie, mit der die alte Adelskaste sich sehr bald aussöhnt, denn auch ihrerseits zum ängstlichen Hüter des besten aller Königreiche und seiner Prosperität.

Das ist das Paris, das Jacques Offenbach in den Jahren seiner Cellisten-Arbeit im Orchester der Opéra-Comique zu sehen bekommt. Die Kehrseite wird er dann auf den Boulevards beobachten können. Denn wenn Geschäft im politischen und sozialen Leben über alles geht, Besitz und Industrialisierung den Gang der Ereignisse bestimmen, Hungerstreiks der Seidenarbeiter in Lyon und Paris blutig niederkartätscht werden, wenn das gegen den «Birnenkopf» Louis-Philippe geführte Attentat Fieschis nur Unschuldige niederstreckt, ein von Daumier anklagend festgehaltenes Arbeitermassaker ungesühnt bleibt, flüchtet alle aufgestaute Kritik in das Außenseitertum der Gesellschaft, wird der närrische Alltag der Boulevards, die Ausgelassenheit des Karnevals zum Ventil für die Unzufriedenheit der Massen wie der oberen Zehntausend.

Noch kann Offenbach den Pariser Karneval auf offener Straße bewundern, einen rauschhafteren, weit lärmenderen Karneval als der, den er aus seiner Heimatstadt kennt. Doch bald zieht das Pariser Fest der Masken sich von der Straße in die Ball-Etablissements zurück. Hier allerdings bedarf es kaum des festlichen Anlasses. Jeden Abend fast ergießt sich ein Strom maskierter Boulevardiers in die Ballsäle. Berühmte Schauspielerinnen, Loretten in gewagter Maskierung, Snobs, Bürgersöhne, aber auch Studenten, Dirnen und Proletarier bilden das tanz- und erlebnishungrige Publikum dieser Tanzvergnügen, aus denen zwei besonders sich hervorheben: das Théâtre des Variétés mit dem rasenden Napoléon Musard als Dirigenten und Arrangeuer und der Jardin Turc, in dem der elegante Jullien regiert.

Offenbach hat manchen seiner freien Abende während der Orchestermusikerzeit in der Opéra-Comique als Zuschauer in diesen Tanzstätten verbracht. Das Milieu ist ihm aus Kölner Kinder-Jahren bekannt. Die Dimensionen allerdings sind nach Größe und Art der Städte verschoben. Was in Köln Stammtischatmosphäre und lärmende Gemütlichkeit bleibt, wird im Théâtre des Variétés und später im eigenen, am Boulevard Montmartre gelegenen Tanzlokal von Musard ein Massenrausch. Dieser extravangante, vom Orchestergeiger zum Tanzdirigenten großen Stils emporgestiegene Temperamentsmusiker hat die Pariser ein für allemal mit seiner «Symphonie vom

Cellist Offenbach. Zeitgenössische Karikatur

zerbrochenen Stuhl» für sich gewonnen. Das Tanzpublikum der
Seine-Stadt, allen voran die «jeunesse dorée», die versnobten Kinder
der Neureichen, finden diese Lärmorgie, deren Höhepunkt das Zer-
brechen eines Stuhls inmitten des großen Ballorchesters bezeichnet,
einfach «chic», sie jubeln dem wüst fauchenden, seine Musiker und
sein Tanzpublikum antreibenden Kapellmeister zu, der in Opern-
Fantasien und eigenen Kompositionen mit immer schärferen akusti-

Cellist Offenbach. Zeichnung von Laemlein, 1850

schen Mitteln arbeitet, Revolverschüsse abfeuert und zu immer schwindelerregenderen Temposteigerungen kommt. Als Höhepunkt des Ballprogramms tanzen alle Anwesenden den erst kürzlich aus Algerien importierten, als verrucht und verboten geltenden Cancan. Sie tanzen ihn so, daß etwa Heinrich Heine in ihrem Gebaren eine Quasi-Revolution, ein Aufbegehren gegen alles, was Scharlatanerie als «hoch und heilig» besingt, erblickt, daß andere deutsche Berichterstatter in diesen Musardschen Bällen ein «schauderhaftes Bild bacchantischer Zügellosigkeit» zu erkennen glauben, den Cancan, die im Tempo immer mehr gesteigerte Galopade als eine «Zuchtlosigkeit in Masse», eine «Verhöhnung jeder Sitte und Moral» charakterisieren.

Auch Offenbach bewundert die Verve, das Temperament Musards, spürt dunkel wohl auch die heimliche Revolution, die die begüterten Bürgersöhne da gemeinsam mit den Bohemiens und den Damen der Halbwelt tanzen. Vielleicht läßt ihn gerade das nach einem anderen Interpreten seiner Kompositionen suchen. Denn komponiert hat er viel in diesen ersten Pariser Jahren. Jede probenfreie Minute, jede Stunde des Alleinseins hat er mit Komposition verbracht. Erstaunlich, wie seine Feder über das Papier fliegt und Melodien zaubert. Ihm selbst scheint es manchmal rätselhaft: *Ich weiß wahrhaftig nicht, was ich dem lieben Gott angetan habe, daß er mir so viel Freude und so viel Melodie gibt!* [11]

Blick und Ohr fallen wie von selbst auf den anderen Pariser Tanzmeister: den Liebling der Damen, den schönen Jullien. Die Domäne dieses ausgesprochenen Frauenlieblings ist der Jardin Turc, ein bürgerliches Vergnügungsetablissement, von seinen Besitzern fortschreitend modernisiert, mit Gaslicht, Feuerwerkseinrichtungen und einer Kapelle von sechzig Musikern ausgestattet, deren Dirigent eben Jullien wird. Auch er bereitet seinem staunenden und tanzenden Publikum tolle Überraschungen, er übertrumpft Musard durch den Abschuß einer Kanone mitten in einer Meyerbeer-Fantasie, läßt sein Orchester durch bengalische Leuchteffekte überhöhen und sich zu jeder Programmnummer von einem livrierten und betreßten Diener einen besonderen Taktstock in die behandschuhte Rechte geben. Er spielt Potpourris aus der gesamten gängigen Opernliteratur, schreckt auch vor Mozart nicht zurück, der mit goldenem Stab dirigiert wird, krönt alle seine Programme mit Walzerarrangements, die den Clou seiner Spielfolge bilden.

Das Band zwischen Offenbach und Jullien ist leicht geknüpft. Wie Jacques ist auch Jullien Schüler Fromental Halévys, dessen Empfehlung die beiden schnell zusammenbringt. Walzerkompositionen haben in Offenbachs bisherigem Leben schon eine wichtige Rolle gespielt. Nicht nur gehört sein Kölner Lehrer Breuer zu den bekanntesten Walzerkomponisten des rheinischen Narrentreibens – auch in seinem Elternhaus ist Walzermusik gespielt und geschätzt worden. Selbst als Wiegenlied für das kleine Köbesche ist von Mutter und Schwestern eine Walzermelodie gesungen worden, die wie eine idée fixe in Jacques' Erinnerungen immer wieder auftauchen wird; sie ist so etwas wie eine ständige Gedanken- und Gefühlsverbindung zur

Heimatstadt und zum Elternhaus. In seinen letzten Lebensjahren hat der vereinsamte und enttäuschte Offenbach einmal der auch oft einsamen und enttäuschenden Jugendjahre in Paris gedacht. Dabei hat er jene Walzermelodie erwähnt, von der ihm nur acht Takte erinnerlich sind, von derem Erinnerungsklang er doch zeit seines Lebens nicht losgekommen ist. *Diese acht Takte waren eine Welt für sich. Wenn sie mir in den Sinn kamen, sah ich mein Elternhaus, hörte ich die Stimmen meiner Lieben, nach denen ich mich sehnte. In einem Alter, da andere Kinder in die fünfte Klasse kamen, ganz allein nach Paris verschlagen, lebte ich zwar sorglos der Zukunft entgegen, aber ich sehnte mich doch auch nach der Vergangenheit zurück. Die Einsamkeit war oft sehr bitter, und dieser Walzer nahm schließlich ganz gewaltige Ausmaße an ... Das war kein gewöhnlicher Walzer mehr, das war beinahe ein Gebet, das ich von morgens bis abends vor mich hin sang, nicht damit es zum Himmel dringe, sondern weil es mir schien, daß die Meinen mich hörten, wenn ich die Melodie spielte, und wenn sie mir dann wieder durch den Kopf ging, hätte ich schwören mögen, daß sie mir geantwortet hatten ...*[12]

Nicht verwunderlich also, daß Offenbach für den Jardin Turc eine ganze Serie von Walzerkompositionen bereithält. Als erstes Offenbach-Stück spielt Jullien eine Walzer-Folge, die den deutschen Titel *Die Jungfrauen* trägt, und mit der der Debütant beim Pariser Publikum offenbar Anklang findet. Die seit 1833 erscheinende populäre Musikzeitschrift «Le Ménestrel», zu der Offenbach in Zukunft sehr enge Beziehungen unterhalten wird, berichtet lobend über den vielversprechenden Beginn. Es folgen *Fleurs d'Hiver*, die nicht nur bei Jullien und auf dem Ball der Großen und dem der Komischen Oper im gleichen Jahre 1836 gespielt und getanzt, sondern auch in zwei Musikzeitschriften nachgedruckt werden. Die Kette der Offenbachschen Walzermelodien reißt nicht ab, und schon bemächtigt sich auch Witz und Ironie des Komponistenfleißes, sicher die beste Reklame, die sich ein junger Tonsetzer in Paris wünschen kann. Sein angeblich geäußerter Vorsatz, «Lanner und Strauß als Walzerkomponisten zu entthronen», die Fähigkeit, «regelmäßig drei Walzer vor dem Frühstück, eine Mazurka nach dem Mittagessen und vier Galopps zwischen den beiden Mahlzeiten» zu komponieren, das alles wird in der Presse glossiert und mit der Ankündigung versehen: «Dieses junge Wunder bittet uns um die Mitteilung, ihm sei ein Taschentuch abhanden gekommen, auf das er die Melodie eines neuen Walzers gekritzelt hat. Eine hohe Belohnung für den, der das Taschentuch findet ...»[13]

Von allem Anfang an scheint Jacques die Praxis, mit der Presse Kontakt zu halten, Kollegen von der kritischen Fakultät zu nützli-

Friedrich von Flotow

chen Indiskretionen zu veranlas-
sen, virtuos beherrscht zu haben.
Was Rückschläge nicht ausschließt. So macht der gleiche
«Ménestrel», der ihn eben noch
durch allerlei Ball- und Notenge-
flüster zu fördern sucht, sehr bald
doch seiner Empörung Luft, als
Offenbach bei Jullien eine große
Walzerkomposition *Rebecca* aufführen läßt, die als melodisches
Material althebräisches Melo-
diengut verwendet. «Ein Pot-
pourri alttestamentarischer Tem-
pelmelodien... Sensation... aber
muß denn immer alles sensatio-
nell sein... welches Sakrileg...
welche Sitten... welche Zeit!»

Die Kritik hindert nicht, daß ein tanzlüsternes Publikum sich
Abend für Abend zum Klang der Synagogenmelodien im Walzer-
rhythmus dreht. Und Jacques begreift überhaupt nicht, worin seine
Taktlosigkeit, seine Blasphemie bestehen soll. Hat der eigene Vater
nicht deutsche Volksmusik in den Synagogengesang eingefügt, jüdische Melodien in Biergärten und auf Hochzeiten als Tanzweisen verwandt? Bringt Johann Strauß (Vater) nicht eben jetzt Wiener Lieder
und Walzer nach Paris, wird sein Gastspiel im Jahre 1837 nicht zum
Höhepunkt der Saison? Warum also will man ihm, Jacques Offenbach, nicht gestatten, Kölner Karnevalsweisen und jüdische Tempel-
musik in seine Tanzfolgen miteinfließen zu lassen und auf diese,
seine Weise originell zu sein?

So komponiert er unangefochten weiter, nicht nur Walzer, auch
Chansons, Melodien, die in diesen Jahren so begehrten Romanzen
vor allem. Denn gehört es zur Bildung des neuen, gut situierten
Bürgerstandes, auch im Hause Musik zu treiben; so muß die wachsende Nachfrage nach geeigneten Vortragsstücken für die Damen der
großen Salons, die musikbeflissenen höheren Töchter befriedigt werden. Der elegante, technisch leicht zu bewältigende romantische Stil,
der hier verlangt wird, bereitet Offenbach keine Schwierigkeit.
Seinem Lehrer Breuer verdankt er die Kenntnis zeitgenössischer deutscher Liedliteratur; sie mit Untermischung synagogaler Klänge und

mit eigener gefälliger und eingängiger Melodik zu modisch-sentimentalen Klavierstücken abzuwandeln, geht dem Komponisten mühelos von der Hand.

Noch besser wird er allerdings bald verstehen, sich als Vaudeville-Komponist über diese sentimentalen Modeschöpfungen lustig zu machen, sie zu karikieren, wie es die Witzblätter so virtuos mit den Tages- und Nachtereignissen des Boulevards tun. Und doch: dieser Spötter Offenbach hat Herz, ein oft sentimental schwärmerisches Musikantenherz. Ganz verläßt ihn der Gefühlston der Romanzen nie, wie ein roter Faden durchzieht er selbst seine Spottlust und Ironie, um sich plötzlich – etwa in dem Spätwerk *Hoffmanns Erzählungen* in der Antonia-Romanze – zu echter, leidenschaftlicher Gefühlsaussage zu steigern.

Auch Offenbachs Romanzen werden gespielt, gedruckt, sie zieren bald mehr als ein «Album» mit Salon-Piècen. Wenn er nicht von Schüler zu Schüler durch die Straßen und Gassen von Paris jagt, gehört seine Zeit der Komposition. Denn nicht ohne Skrupel, aber schließlich doch mit schnellem Entschluß hat er die «Fronarbeit» in der Comique an den Nagel gehängt. Sie hat ihm allerdings nicht nur Hungerlohn und Eintönigkeit des Tagesprogramms gebracht, sie ist auch eine Schule der profunden Opernkenntnis für den Lernenden gewesen, der um des lieben Geldes willen seit langem nun auch schon lehren muß. Aber wenn je von einer Rückkehr in die Komische Oper die Rede sein kann, so will Offenbach nie wieder zum anonymen Orchesterdienst dort aufgenommen werden, sondern um selber als Opernschöpfer zu glänzen. Stil und Machart der zeitgenössischen Opernproduktion hat er erlernt, vieles aus dem Repertoire sich angeeignet. Wie seinen vergötterten Mozart spielt er das meiste aus dem gängigen französischen Programm dieser Jahre «par cœur», auswendig auf seinem Cello, von dem er je eher, je lieber Abschied nehmen möchte, um ganz Komponist zu werden. Aber vorläufig ist es noch eben dieses Instrument, das ihm die Einkünfte verschafft, die «Offenbach le bassier» zum Leben braucht.

Das Glück kommt Jacques in Gestalt eines deutschen Landsmannes, eines begüterten mecklenburgischen Adelssprosses und Komponisten zu Hilfe. Friedrich von Flotow hat sich zu dieser Zeit schon als Komponist einiger Opern einen Namen gemacht. Der ersten Begegnung mit Offenbach erinnert er sich vierzig Jahre später in seinen Memoiren: «... es ging ihm kümmerlich ... er beklagte sich eines Tages über sein hartes Los. Auf meine Frage, ob er nicht versuchen wolle, gleich anderen Künstlern ein Konzert zu geben, erwiderte er, daß er dazu nicht bekannt genug sei, nur – wie es in unserer Künstlersprache hieß, – einen oder zwei Salons habe ... Junge Künstler,

Konzertszene in einem Pariser Salon. Nach einem Bild von Eugène Lami

die in Paris Ruf und Unterhalt erringen wollen, versuchen, zu den musikalischen Soireen, die fast in jeder reichen, ja selbst nur bemittelten Familie stattfinden, Zutritt zu erlangen. Man produziert sich einige Male im Laufe des Winters, gibt beim Beginn der Fasten ein Konzert und sendet jeder Familie, in deren Salon man sich hören ließ, ein Dutzend Billette zu hohem Preis, und fast niemals werden dieselben auch nur teilweise zurückgewiesen... Mit sparsamer Einteilung kann ein junger Künstler mit dem Überschuß seines Konzertes recht gut von einem Jahr zum anderen kommen... auf diese angenehme und wenig zeitraubende Weise kann ein strebsamer Künstler sich in Paris leicht erhalten, und es bleibt ihm hinreichend Zeit, seine Studien fortzusetzen und zu vervollkommnen.»[14]

Der Kriegsplan Flotows wird durchgeführt, das Auftreten Offenbachs in den reichsten Pariser Salons sorgfältig vorbereitet. Da sich herausstellt, daß fast das gesamte noch in Kölner Tagen erlernte Virtuosenprogramm für Paris kaum tauglich ist, wird in aller Eile Neues, Eigenes komponiert. Flotow wird der Begleiter am Klavier, und das Komponieren à deux funktioniert so reibungslos, daß aus der zunächst zufälligen eine ständige Komponisten-Gemeinschaft wird. Fraglich und unwichtig bleibt, ob der zehn Jahre jüngere Offenbach tatsächlich Melodien zu Flotows bekanntesten Opern «Martha» und «Alessandro Stradella» beigesteuert hat, denn in den Jahren 1838 bis 1840 wirken beide zusammen, als Tonsetzer und als konzertierende Künstler. Zunächst vermittelt Flotow einen glänzenden Start in den Sälen der Gräfin de Vaux, der geschiedenen Gattin des Besitzers des einflußreichen «Journal des Débats». Es folgen Soireen in unzähligen Salons, dann auch eigene Konzerte, ganz nach Flotows Plan und Arrangement, und des Freundes glänzende gesellschaftliche Stellung verschafft nun auch neue Beziehungen zum Theater.

Ganz unbekannt ist der Walzer- und Romanzenkomponist Offenbach in Paris nicht mehr. Muß er es nicht als einen Erfolg ohnegleichen ansehen, daß die Direktion des Palais-Royal-Theaters Gesangseinlagen für eine Novität bei ihm bestellt?! Zwar ist es nur ein Vaudeville, *Pascal et Chambord* von Bourgeois und Brisebarre, Dutzendware jener damals rasch gezimmerten Erfolgslustspiele mit Musik und möglichst mit patriotischem Finale; aber es ist der erste Theaterauftrag, der von Offenbach mit Feuereifer und wilder Begeisterung ausgeführt wird. Für den 2. März 1839 ist die Premiere angesetzt. Wird sie den Neubeginn für den fiebernden Debütanten bringen? Wird ihn die Presse in Grund und Boden kritisieren?

Weder Erfolg noch Presseskandal. Spurlos, ohne Echo geht Offenbachs Bühnenerstling vorüber. Die Hälfte der Musiknummern hat er der Unmusikalität der darstellenden Komiker wegen streichen müssen, und das andere... Vorbei, vertan die Chance, als freier Bühnenkomponist leben zu können! Ein Glück, daß es die Salons, die Romanzen-Albums, die Tanzsäle, die Unterrichtsstunden und die Cellokonzerte gibt. Vielleicht weist eine regelrechte Konzerttournee den Weg aus den Kalamitäten des Augenblicks? In Köln wird man alles mit dem Vater besprechen, die Freunde, die Familie wiedersehen, auch konzertieren.

Zweimal in kurzen Abständen unternimmt Jacques Reisen in die Vaterstadt. Die «Heimkehr», an der auch Bruder Jules teilnimmt, ist für Jacques gewiß kein Triumph, wohl aber für die Familie Offenbach und ihre Freunde; die reklamemäßig gut vorbereiteten «Großen Konzerte» der beiden Brüder im Kölner Kasino-Saal scheinen zu bestätigen, daß sie in der Fremde ihren Weg gemacht haben. Jacques weiß es besser. Sehr bald schon treibt es ihn zurück nach Paris. Aber familiäre Ereignisse zwingen ihn kurz darauf nochmals zu längerem Aufenthalt in Köln. Der jüngste Bruder, Michel, musikalisch begabt wie fast alle Offenbachs, ist einem Nervenfieber erlegen; die Mutter erholt sich von dem schweren Schlag nicht mehr, sie stirbt am 17. November 1840. Der Schmerz um geliebte Menschen, der Jacques zum erstenmal trifft, läßt ihn seine Gefühle in unbeholfene Verse fassen. Für seine Lieblingsschwester Netta schreibt

Offenbach als Kapellmeister am Théâtre Français

er ein deutsches Gedicht, Nachruf auf die «selige Mutter»; ein Trost-
gedicht des Vaters nimmt er mit auf die neuerliche Reise nach Paris.
Die eben in Köln geschaffene und erstaufgeführte *Scène espagnole*
mit dem rhythmisch zündenden *Boléro*, fast eine Opernszene ohne
Worte, begleitet ihn in die neuen Konzerte der Pariser Salons.

«Er ist groß, mager und außerordentlich bleich», schreibt wenige
Jahre später die Pariser Zeitschrift «L'Artiste». «Wenn sein Bogen
die Saiten vibrieren läßt, dann scheint sich zwischen dem Künstler
und seinem Instrument eine jener geheimnisvollen Verbindungen

anzubahnen, von denen Hoffmann so wundervoll erzählt hat. Mit seinen langen Haaren, seinem schmalen Wuchs und seiner geistvollen Stirn könnte man ihn für eine Gestalt aus den phantastischen Erzählungen Hoffmanns halten. Mit einem Wort, er wird der Liszt des Violoncellos sein, oder vielmehr, er ist es schon.»

Zum erstenmal wird Offenbach hier also mit der Welt E. Th. A. Hoffmanns in Zusammenhang gebracht. Und das Dämonische in seinem Aussehen, das Unheimliche, das er – ohne Notenblatt, frei interpretierend – ausstrahlt, mag der Grund für seine außergewöhnliche Konzertwirkung gewesen sein.[15] Ganz Virtuose alten Stils, sieht er und sein Publikum das Wesentliche seiner Interpretation nicht etwa in einer inhaltlichen und formalen Deutung des vorgetragenen Werkes, sondern in den Extravaganzen einer übertriebenen, sensationellen Technik. Flageolett-Töne, Doppelgriffe, Terzen- und Sexten-Skalen, Arpeggien, ja Imitationen anderer Instrumente wie Schalmei, Vogelpfeifen, Dudelsack und vielerlei Arten Schlagzeug, das sind die pikanten Details, die man vom Vortrag des «exzentrischen Cellisten» in den vornehmen Salons erwartet, der auch das böse Kritikerwort, Offenbach spiele jedes Instrument, nur nicht das seine, verständlich macht. Und wenn noch ein Rest von Unaufmerksamkeit im Auditorium zu überwinden bleibt, dann ist Offenbach Salonlöwe genug, um mit einer kleinen Ohnmacht die Erregung aufs höchste zu steigern, dann hilft sein Witz und seine Schlagfertigkeit mit einer kleinen Conférence, die Theatralik der Konzertszene zu vollenden – wie er denn überhaupt immer weniger Unterschied zwischen Konzertpodium und Bühnenschauplatz gelten läßt.

Verweigern die Theater der Seine-Stadt, allen voran die ihm so gut bekannte Opéra-Comique, die Aufführung, ja auch nur die Prüfung seiner Opernpartituren, so muß er eben seine Konzerte mehr und mehr zu szenischen Darbietungen machen. Nicht nur, daß seine Elegien, seine Träumereien und melancholischen Walzer klingen, als seien sie für menschliche Stimmen geschrieben, als sei der Cello-Vortrag nur eine behelfsweise Annäherung an das vom Komponisten Gewollte: er findet auch Freunde unter den Pariser Opernsängern, die bei seinen Soireen mitwirken.

Eine Vertonung von sechs Fabeln von La Fontaine hat zwar keinen durchschlagenden Erfolg, wird von einem Teil der Presse sogar scharf abgelehnt, aber die Stücke scheinen in ihrem kompositorischen Material schon Vorklänge späterer dramatischer Werke; ihre Themen begegnen dem Offenbach-Kenner parodistisch abgewandelt in buffonesken Einaktern des Theaterkomponisten wieder. Schließlich nennt Offenbach seine Vortragsabende «dramatische Konzerte», läßt in ihnen – nach dem Vorbild der Kölner Karnevalsdarbietungen –

Offenbach jettatore. Offenbach mit dem «bösen Blick», auf dem Dach der Opéra-Comique, mit seinem Robinson als Streichinstrument

neben Virtuosenstücken Opernfragmente eigener Produktion und komische Einakter spielen.

Vielleicht muß man den 2. April des Jahres 1843 als den Geburtstag der Offenbachschen Bouffonerie bezeichnen. In einem der Pariser musikinteressierten Gesellschaft wohlbekannten Konzertsaal, Annex einer dem Modepianisten Henri Herz gehörenden Klavierfabrik, wird die Uraufführung einer dramatischen Duo-Szene geboten. *Der unheimliche Mönch* heißt das Werkchen, das Offenbachsche Musik zu Texten des Schriftstellers Édouard Plouvier bringt und von zwei renommierten Opernsängern, Roger und Hermann-Léon, gesungen und dargestellt wird.[16] Es ist die spaßige Geschichte von zwei bramarbasierenden Pariser Spießbürgern, von denen jeder den anderen für ein Gespenst hält. Die Angst vor den Geistererscheinungen wird in einem Weberschen, «Freischütz»-Klängen nicht fernen, balladesken Ton geschildert, jeder der beiden Aufschneider beteuert seine Tapferkeit in Abenteuer- und Militärliedern. Als beide sich in dramatischer Rezitativ-Szene dann als Nachbarn erkennen, ziehen sie unter Absingung ihrer Auftrittslieder, die der Komponist zu witziger Polyphonie verbindet, vereint davon.

Der Erfolg dieser kleinen, grotesk-komischen Szene zeigt, wie sicher sich der Komponist Offenbach bereits seiner kompositorischen und bühnenschöpferischen Mittel ist, wie er beginnt, romantische Situationen – ganz im Sinne der Boulevards, auf denen er mehr und mehr heimisch wird – lächerlich zu machen, ihre Schrecken und Schauer auf heiterste Weise aufzulösen. Im Salon und Konzertsaal muß er dessen ungeachtet noch eine lange Zeit den «romantischen Virtuosen» spielen. Als solchen hat ihn die Kölner Presse bei den Konzerten in seiner Heimatstadt mit Liszt und Paganini verglichen; als bewunderte Salon- und Konzerthaus-Größe auf dem Violoncello erfreut er sich auch in Paris steigenden Erfolges und Ansehens. Selbst von König Louis-Philippe erhält er ein Anerkennungsschreiben für eine dem Andenken des Herzogs von Orléans und der Prinzessin Marie gewidmete Elegie, und daß sein Name auch in der Provinz bereits guten Klang hat, beweist die Philharmonische Gesellschaft in Mans, die ihn, den Solisten eines ihrer Symphoniekonzerte, zum Ehrenmitglied ernennt.

Freundschaften, Frauen, Salonschönheiten und Bewunderinnen aus dem Theatermilieu fliegen dem komponierenden Virtuosen zu, der immer wieder seine *Huldigung an Rossini* in seine Programme aufnehmen und auf stürmische Bis-Rufe wiederholen muß. «Einen neuen Erfolg Herrn Jacques Offenbachs haben wir zu konstatieren», verkündet süffisant-indiskret die «Gazette Musicale» am 1. September 1844, «er wird eine junge, schöne, reiche Erbin heiraten.» Herminie d'Alcain ist die Erwählte. Man flüstert es in den Salons, tuschelt es in den Boulevardcafés: «Offenbach hat zufällig in einen Spiegel geschaut, sein eigener böser Blick hat ihn getroffen, die Heirat ist die Folge!»

Herminie ist die Tochter einer Spanierin, deren erster Gatte, Monsieur d'Alcain, infolge seiner Beteiligung an den spanischen Karlisten-Wirren samt Frau und Kindern, Herminie und Pepito, zur Emigration nach Frankreich gezwungen worden ist. Nach seinem Tod hat Madame d'Alcain in Paris den Engländer John Mitchell geheiratet, einen Konzertagenten und Theaterunternehmer von Beruf. Die Familie führt ein großes Haus, aber als «reiche Erbin» kann Herminie, eine üppige spanische Schönheit von siebzehn Jahren, durchaus nicht gelten. Spielt also das Geld in Jacques ebenso spontaner wie bleibender Neigung keine Rolle, so kann Mitchell ihm doch als Manager des französischen Theaters in London und Agent vieler Konzerte von Nutzen sein.

In seiner Verliebtheit widmet Offenbach seiner Angebeteten die Romanze *À Toi,* die ihren Erfolg ihrem leidenschaftlichen Text, der ihm entsprechenden schwungvollen Musik, aber auch dem Bild Herminies verdankt, das zum Entsetzen der Familie in Großformat die Titelseite schmückt. Die Eltern Mitchell setzen dem Jugendüberschwang Offenbachs Grenzen. Bedingungen müssen erfüllt werden, soll es zur Heirat kommen. Trotz aller Erfolge des Cello-Virtuosen und viel aufgeführten Ballkomponisten hängt die Existenz des Fünfundzwanzigjährigen in der Luft. Nach Kompositionserfolgen in der besonders lebhaften Karnevalsaison 1844, guten Einnahmen auf Reisen in die Provinz, soll die von Mitchell vorbereitete Konzerttournee nach London den Ausschlag geben.

Von dort berichtet Jacques seinem Freund Émile Chevalet, der bald zu seinen Librettisten zählen wird: *Ich habe in Windsor vor der Königin, dem Prinzen Albert, dem Kaiser von Rußland, dem König von Bayern, kurz vor allen am Hofe gespielt. Ich hatte viel Erfolg... In der vergangenen Woche war ich von der Gesellschaft der Melodisten, deren Präsident der Herzog von Cambridge ist, zum Diner geladen... nach dem Essen wurde Musik gemacht. Ich habe meine Musette gespielt; sie haben einen enormen Lärm gemacht, haben fünf Minuten lang auf den Tisch geklopft und aus vollem Halse geschrien: Bis! Bis! Bis! Ich war gezwungen, das Stück zu wiederholen. Sie sehen aus allem, daß ich hier nicht weniger Erfolg habe als in Paris. Ich beginne ziemlich stolz zu werden! Wenn ich nach Paris zurückgekehrt bin, kann ich unmöglich noch mit Ihnen verkehren, der ich jetzt gewöhnt bin, nur noch Lords, Herzöge, Königinnen, Könige, Prinzen und Kaiser um mich zu sehen! Kaiser, lieber Freund!!* Aber neben Übermut und Stolz auf das gerade Erreichte klingt in diesem Brief zum erstenmal auch seine tiefe Liebe zu Paris auf, die ihn von nun an nicht mehr verlassen wird: *Alle Ehrungen hindern nicht, daß ich mein schönes Paris noch mehr liebe... Hier ist alles grandios und – kalt. Dort unten dagegen ist alles graziös, kokett und – warm, besonders wenn man einige wahre Freunde hat. Ich kann es daher kaum erwarten... wieder in meine gute Stadt Paris zurückzukehren, wo sich alles findet, was mir teuer ist, alles, was ich liebe!* [17]

Es ist nicht nur die Sehnsucht nach seiner geliebten Herminie, die aus diesen Zeilen spricht, an die er sich – der bürgerlichen Sitte der Zeit entsprechend – nicht direkt brieflich wenden kann, es ist auch

A TOI.

ROMANCE

Paroles de Mr. Numa Armand.

Musique de

JACQUES OFFENBACH

*Titelblatt der Romanze «À Toi» mit dem
Bildnis der Herminie d'Alcain*

die Liebe zu jener unruhvollen, von sozialen Umschichtungen be-
drohten und widerhallenden Lichter-Stadt, die trotz Revolutionen
und Barrikaden, trotz Attentaten und Massakern, trotz Streiks und
blutiger Straßenschlachten die begehrenswerteste Metropole Europas
wird, die Capitale du Monde, Stadt des Blendwerks und Vergnügens,
der Kunst, des Verkehrs, der eben jetzt geschaffenen Warenhäuser
und Eisenbahnen, der Börsenkönige, Pressemagnaten und – der schönen Frauen. Alle großen Reiseschriftsteller werden sie schildern, alle Dichter werden ihrer Schönheit huldigen, alle Umstürzler werden

den Zerfall der Epochen an ihr beweisen, alle Maler werden sie ab-
konterfeien, keiner unter den Musikern wird sie in ihrem verwirren-
den Klang, ihrem Charme, ihrem prickelnden Rhythmus besser in
Noten und musikalischen Szenen festhalten und der Nachwelt über-
liefern als Jacques Offenbach, der jetzt aus London zurückkehrt, die
Taschen voller Geld, den Kopf voller Pläne, das Herz voller Liebe
zu Herminie d'Alcain.

Ist es die große Liebe fürs Leben oder nur die Leidenschaft des
Augenblicks, der große Gefühlsausbruch nach langer Trennung, der
Jacques jetzt endgültig um Herminie werben läßt? Mag der Künstler
nicht frei von erotischen Anfechtungen geblieben sein, diese Ehe hat
36 Jahre, bis zu Jacques' Tode, gedauert, fünf Kinder, vier Töchter
und ein Sohn, sind ihr entsprossen, und André Martinet, einer der
ersten Offenbach-Biographen, hat aus persönlicher Anschauung geschildert, welch harmonisches Verhältnis zwischen den Ehegatten in
guten und schlechten Zeiten bestanden, wie weit Jacques selbst in
künstlerischen Fragen Herminies Laienrat hat gelten lassen, wieviel
ihm die Häuslichkeit, die seine Frau ihm zu bereiten verstand, zeit-
lebens bedeutet hat.

Nach der Rückkehr aus London wird im Jahre 1844 auch die letzte Bedingung Mutter d'Alcains und Stiefvater Mitchells für die Hochzeit mit Herminie erfüllt: Jacques konvertiert zum katholischen Glauben, dem er bis zu seinem Tode angehören wird. Daß dieser Schritt
seiner Heirat zuliebe getan wurde, scheint zweifelsfrei festzustehen,
ebenso, daß er nie seine jüdische Herkunft verleugnet hat. Mit der
Familie in Köln scheint es kaum Schwierigkeiten gegeben zu haben.
Die liberale Einstellung des allen Reformbestrebungen zuneigenden
Vaters hat Jacques den Schritt wahrscheinlich erleichtert. Ob er selbst
sich um eine persönliche Einstellung zu seinem neuen Bekenntnis
bemüht hat, bleibt fraglich. Vielleicht sind seine Gedanken hierzu
denen nicht unähnlich, die ein anderer bedeutender jüdischer Kon-
vertit, Disraeli, nach einer Palästina-Fahrt niederschreibt: Warum
ein Jude nicht auch Christ sein könne. Mag er darüber wenig geschrieben und gesprochen haben, sicherlich hat Offenbach auch nach
der Taufe nichts von seiner jüdischen Erziehung und Kindheit vergessen, sind Judentum, jüdische Lehre und synagogale Musik ver-
ehrungswürdige Dinge für ihn bis zu seinem Tode geblieben; und
nie hat er, der Spötter, der Karikaturist und Skeptiker, sich selbst
oder Menschen seiner Umgebung einen Witz über Juden und Judentum erlaubt. In keinem seiner Werke jedenfalls kommt die berüch-
tigte Figur des komischen Juden vor.[18]

Er nimmt seinen Übertritt zum Katholizismus durchaus nicht etwa leicht, er läßt seinen einzigen Sohn später bei Jesuiten erziehen

und schreibt zur Hochzeit einer seiner Töchter sogar eine Messe. Doch er hat innerlich von der jüdischen Heimat in der deutschen Domstadt am Rhein nie Abschied genommen, alles ihm erreichbare Jüdische lebt doch zumindest im Unterbewußtsein fort.

Am 14. August 1844 wird die Hochzeit mit Herminie, geborene d'Alcain, gefeiert. In der Passage Saulnier Nr. 20 bezieht das junge Paar eine bescheidene Wohnung. Zwar übt man Gastfreundschaft in reichem Maße, aber die Verhältnisse bleiben in engen Grenzen. Denn Jacques stehen auch weiterhin keine anderen Einkünfte als die der Virtuosenkonzerte zur Verfügung. Herminie ist eine treue, verständige Gefährtin. Sie hört Jacques zu, berät ihn, so gut sie kann, sucht sein Leben zu verstehen. Ihre gute Laune, ihr Verständnis, ihr natürlicher Charme helfen über manche Verlegenheit und Ärmlichkeit hinweg, und wenn der Schwarm der Gäste, der Bohemiens von den Boulevards, der Kollegen aus den Theaterorchestern und Redaktionen das junge Paar gegen Morgen verläßt, kommt der gefährliche Augenblick der Einsamkeit zu zweien. Es gehört viel Lebensmut, viel Geschicklichkeit von beiden Seiten dazu, diese Jahre des Mangels, der immer noch schmalen Einkünfte zu überstehen. Dabei arbeitet Jacques bereits mit fast dem gleichen Eifer wie später in den Zeiten seiner Hochkonjunktur. Er komponiert, er konzertiert, er knüpft Beziehungen aller Art.

Da die Gewaltigen der Oper ihn hinhalten, nicht einmal empfangen, sucht er auf immer neuen Umwegen sich die Öffnung der Opernpforten zu erzwingen. Mehr und mehr redet das Publikum, sprechen die Gäste der Salons, die Musikzeitschriften von seinen «dramatischen Konzerten». Eine zweite dramatische Duo-Szene, diesmal für zwei Frauenstimmen, *Meunière et Fermière*, der Streit zweier ländlicher Rivalinnen, der von keifendem Schimpfen zu Eifersuchtsraserei und handgreiflicher Prügelszene führt, läßt Publikum und Musikpresse aufhorchen. Stärkere Lachstürme und noch begeistertere Zustimmung hat kurz zuvor schon die erste Offenbachsche Parodie, eine Persiflage auf Félicien Davids 1844 mit großem Erfolg uraufgeführte Symphonie-Ode «Die Wüste», erweckt. Das Werk Davids, ein typisches Beispiel der romantischen Exotik, ein musikalisches Pendant etwa zu Victor Hugos romantisch-orientalischen Gedichten, wird mit allen Mitteln des musikalischen Witzes der Lächerlichkeit preisgegeben, die später ein Hauptcharakteristikum Offenbachscher Buffokunst werden. Die Uraufführung dieser eigentlich ersten echten Musikparodie im modernen Sinne findet 1846 im Salon der Gräfin de Vaux statt. Sie wird vom anwesenden Publikum, vor allem von den Original und Parodie erfassenden Kennern mit einer Heiterkeit quittiert, die sich bis in die Künstlerzirkel und Café-Runden der Boulevards fortsetzt. Die Musikgazetten berichten über die Mittel und Wege der Offenbachschen Karikatur (an Stelle romantischer Schöngesänge brechen Gassenhauer und Tanzschlager in Davids romantischen Klangzauber ein!). Ob eigene Kritik oder von Offenbach lancierte Reklame? «France Musicale» schreibt: «Zweifellos wird auch die Direktion der Komischen Oper Offenbachs Talent zu schätzen wissen und ihm bald Gelegenheit geben, eine Partitur für die Comique zu schreiben.» Aber der Auftrag läßt auf sich warten. *Um jeden Preis wollte ich in die Komische Oper gelangen, und deswegen gab ich im Jahre 1847 ein Konzert, in welchem ich den Einakter «L'Alcôve» aufführen ließ. Er errang einen großen Erfolg, aber machte nicht den geringsten Eindruck auf die Direktoren der Komischen Oper. Von da ab schrieb ich jedes Jahr, teils für meine Konzerte, teils für eine sich bietende günstige Gelegenheit, schnell eine kleine Partitur hin. Schließlich gelang es mir, den Komponisten Adam [19] für mich zu gewinnen, der mir für sein Théâtre Lyrique eine Dichtung des Marquis de Saint-George übertrug, um sie in Musik zu setzen. Aber da veranlaßte die Revolution von 1848 die Schließung des Theaters.* [20]

Anlaß zum Ausbruch dieser Revolution, die Frankreich die Zweite Republik bringt, werden die sogenannten Bankette, Agitationsversammlungen zur Erreichung eines neuen Wahlrechtes. Am 22. Februar 1848 wird ein solches geplantes Bankett von der Regierung, die offenbar ihre eigene Lage nicht richtig einschätzt, verboten. Die allgemeine Korruption, das Elend der breiten Massen, denen durch ein rein finanziell ausgerichtetes Wahlsystem jedes Mitbestimmungsrecht im Juste Milieu-Staat vorenthalten bleibt, ein beträchtliches Staatsdefizit, mitverschuldet durch den eben erst beendeten algerischen Kolonialkrieg, das alles hat die Situation für einen Umsturz vorbereitet, der infolge des Bankett-Verbotes, der Schüsse der Regierungstruppen auf rebellierende Handwerker, Studenten und Arbeiter losbricht.

Das Bürgertum scheint wieder einmal die Sache des neu andrängenden proletarischen Standes mitzuvertreten. Louis-Philippe, ohne jedes eigene Konzept mit der losbrechenden Volkserhebung konfrontiert, unterschreibt mit zitternder Hand die Abdankungsurkunde, und während auf Adams Théâtre Lyrique statt Offenbachscher Opern Stücke wie «Die Barrikaden» und «Die Revolution» zu sehen sind, hört für eine recht lange Zeit das gesellschaftliche Leben, das Offenbach und viele andere Künstler und Intellektuelle ökonomisch mitgetragen hat, völlig auf. Studenten haben andere Sorgen, als Musikunterricht zu nehmen, die Boulevardiers diskutieren Verfassungs- und Wahlgesetze, kleiden sich – genau wie die reichsten Bürger –

Die Abdankungsurkunde Louis-Philippes

mit «revolutionärem Chic», das heißt, sie nähern, für den Augenblick zumindest, ihr Aussehen dem der arbeitenden und revoltieren-
den Massen an.

Kein Milieu für Offenbach, der so schnell und so entschieden wie
die meisten vornehmen Besitzer von Häusern und Salons den Schau-
platz Paris verläßt, sich in die Emigration begibt, so lange mindestens, bis Paris wieder ruhig geworden, bis sein enges, aber gut bürgerliches Heim mit Frau und Kind wieder gefahrlos bewohnbar ist,
die Cafés und die Boulevards wieder Stätten der Konversation, der
Künstlergespräche und der Bohemien-Streiche geworden sind.

Ziel seines schnellen Ortswechsels kann nur Köln, seine Heimatstadt, sein. Heimatstadt? Fühlt er sich nicht trotz seines immer wieder
ärgerlich spürbaren deutschen Akzents seit langem in der Seine-Stadt

heimisch? Ist das Glockengassenhäuschen in der Kölner Judengasse wirklich noch sein «Zuhause»? Die Mutter lebt nicht mehr, der Vater ist über siebzig, einige der Schwestern sind verheiratet, teils nach Amerika ausgewandert; er selbst gehört einer anderen Religionsgemeinschaft an. Und die Revolution, vor der die Offenbachs aus Paris geflohen sind, reist mit ihnen zum Rhein. Auch in Deutschland und Österreich hat es Umwälzungen gegeben, die das Gesicht des Alltags verändert haben. Allerdings: fast überall in deutschen Landen – bestimmt in «Kölle» – sind die Veränderungen unblutiger vor sich gegangen als in Paris.

Neue Stadtviertel, Bahnhöfe, Fabriken haben die Rheinmetropole verändert, ihr ein neues Gesicht gegeben. Auch in Köln stoßen die Interessen des neuen Industrieproletariats, das sich zum erstenmal bemerkbar macht, und die des saturierten, tonangebenden Bürgertums hart aufeinander. Aber wenn in Paris geschossen und gekämpft wird, so gleicht der Kölner Volkscharakter auftauchende Gegensätze mit Humor und angeborener Friedfertigkeit aus. Wie ein Volksfest mutet hier der Aufzug der revolutionären Bürgerwehren an. Gesungen wird viel. Und die patriotischen Gedichte, als die sich hier die «Revolutionslieder» entpuppen, fliegen Jacques, der mit seiner kleinen Familie in einem Zimmerchen der Breiten Straße haust, nur so zu: «Gott grüß Dich, Bürger Camerad, / Gott grüß Dich auf der Wache / Du bist auf echtem, rechtem Pfad, / für eine heil'ge Sache!» Der Text stammt von dem Kölner Buchhändler Inkermann (Pseudonym: Sternau), die Musik «von unserem Landsmann Offenbach aus Paris», der nicht zögert, sich für ein paar Monate wieder Jakob statt Jacques zu nennen.

Auf das Vaterland, auf die deutschen Mädchen gehen die nicht gerade geistreichen Poesien ein, von letzteren sagen sie etwa «Und wenn sich eine treulos fand, so war sie nicht aus deutschem Land» ... nun ja, Frau und Kind wollen leben, und so müssen diese Texte für die Gesangvereine der Stadt und ihre Musikkorps vertont werden... manches gelingt so gut, daß es später als patriotisches Motiv in die Oper *Rheinnixen* übernommen werden kann, anderes gibt dem deutschen Text so viel echt pariserischen Couplet-Schwung, daß es – nur wenig umgestaltet – in Offenbachs Pariser Operettenproduktion wieder auftauchen wird.

Und um die Tragikomik dieses Kölner Emigrations-Intermezzos voll zu machen, wird der «heimgekehrte» Jakob Offenbach, der «zudem noch zum Katholizismus übergetreten ist», eingeladen, an der 600-Jahr-Feier zur Grundsteinlegung des Kölner Domes als Solist des Festkonzertes teilzunehmen. Der König von Preußen und das Schatten-Oberhaupt der Deutschen National-Versammlung in Frankfurt am Main, der «Reichsverweser» Erzherzog Johann von Österreich, sind die illustresten Gäste dieses Dom-Fest-Konzertes am 14. August 1848, bei dem Offenbach unter anderen Piècen wieder seine stürmisch bejubelte *Rossini-Fantasie* spielt, mit größtem Erfolg, der ihm von einer Deputation der Gesangvereine ausdrücklich und feierlich bestätigt wird.

«Die Kölner Barrikadenhelden». Zeitgenössische Karikatur zum Revolutionsjahr 1848

Napoleon III.,
Kaiser der Franzosen

Beziehungen zu dem städtischen Musikdirektor Heinrich Dorn scheinen Offenbach auch auf dem ihm jetzt wichtigsten Gebiet, dem des Theaters, weiterzubringen. Am 9. Januar 1849 wird im Stadttheater der in einem Pariser Conzert dramatique bereits erstaufgeführte Einakter *L'Alcôve* in deutscher Version von Sternau-Inkermann gegeben. Trotz gewaltiger Reklamenotizen in der «Kölnischen Zeitung», trotz lokalpolitischer Aktualisierungen des Textes [21] geht die Aufführung unter dem Titel *Marielle* ohne jedes Echo bei Publikum und Fachwelt vorüber. *Nach meiner Rückkehr nach Paris begann ich von neuem, mich um die Gunst des Direktors der Komischen Oper zu bewerben. Ohne Erfolg!* [22] Hat Paris sich verändert, so bietet es dem heimkehrenden Emigranten Offenbach doch vorläufig keinerlei neue Chancen.

DIKTATUR UND KAISERREICH

Bürgertum und Proletariat haben gemeinsam den Bürgerkönig gestürzt. Als Offenbach nach Paris zurückkehrt, sind sie längst entzweit, bekämpfen sich, und die Großbourgeoisie weiß ihre schon unter Louis-Philippe ausgeübte Macht erneut zu befestigen. Die unter dem Druck der Massen von der provisorischen Regierung eröffneten «Nationalwerkstätten», die den Arbeitslosen, den Ärmsten der Armen, Brot und Hilfe bringen sollen, werden am 21. Juni 1848 durch Dekret der konstituierenden Nationalversammlung wieder geschlossen. Folge: Erneuter Aufstand der Arbeiter, blutige Straßenkämpfe. General Cavaignac, Kriegsminister und für seine Grausamkeit bekannter früherer Generalgouverneur von Algier, wirft die Revolte nieder. Tausende von Aufständischen bleiben auf der Strecke, Tausende werden ohne Urteil deportiert. Der Sieger der Pariser Straßenschlacht wird provisorisches Staatsoberhaupt, sieht sich nach den für den 10. Dezember anberaumten Wahlen schon als Präsident der Zweiten Republik.

Der Wahlausgang bringt nicht Cavaignac, sondern einen neuen, bis dahin fast unbekannten Mann an die Spitze des Staates: Prinz Louis-Napoléon, einen Neffen Napoléon Bonapartes, der 1821 auf St. Helena gestorben ist. Im Ausland erzogen, mit fremder Staatsangehörigkeit mehrere mißglückte und verlachte Versuche zur «Eroberung» Frankreichs unternehmend, im Gefängnis landend, verkleidet wieder ins Ausland fliehend, kann er im September 1848 unbehelligt nach Paris zurückkehren und sich der Wahl zum Präsidenten stellen.

Er gewinnt gegen den im Bürgerkrieg bewährten General, weil er jeder politischen Gruppe das gern Gehörte und Erstrebte verspricht, weil er, der Abenteurer, sich von Jugend an auf politische Lenkung und Beeinflussung versteht, Geldmittel aus unbekannten Quellen sich erschließt und – weil der Name Napoleon trotz Krieg, Elend und Tod noch immer den alten Zauber übt.

Frankreich hat mit fünfeinhalb Millionen Stimmen für Napoleon entschieden. Europa klatscht Beifall. In wenigen Wochen und Monaten erhält Paris wieder sein altes, verführerisches Gesicht. Mit Millionen, die der Kasse der Bank von Frankreich «auf legalem Wege entnommen» werden, sorgt der Neffe Napoleons als Prinz-Präsident für alt-neuen napoleonischen Glanz. Der Adel, der verärgert die Feste des Bürgerkönigs gemieden hat, stellt sich zu den Empfängen Louis-Napoléons wieder ein. In Paris spielen die Theater wieder; Opern- und Komödien-Häuser, Zirkusarenen, Restaurants und Konzert-Cafés erstrahlen heller denn je im Licht der neuen Gasbeleuchtung. Vorhänge, Plüsch, Spiegelzauber breitet sich aus. Niemand scheint die Kehrseite der glänzenden Repräsentations-Medaille zu sehen: die Hungernden, die Deportierten, die Unbeugsamen, zu langen Kerkerstrafen Verurteilten. Denn Paris wächst. Hatte es, als Offenbach 1833 zum erstenmal seinen Boden betritt, eine halbe Million Einwohner, so ist jetzt die Millionengrenze erreicht. Es ist die Börse Europas. Auch das Schaufenster Europas soll es nach Louis-Napoléons Wünschen sein.

«Enrichissez-vous!» (Bereichert euch!), das ist die neue Losung des Präsidenten, der Börsenkönige, der Industrieherren, der Zeitungen. Die Zensur ist strenger denn je. Die Presse muß darauf verzichten, Meinungsbildung zu betreiben, damit das Annoncengeschäft der Ersatz für politische Überzeugung wird. Der Anzeigenteil der großen, vor einem Jahrzehnt oder Jahrfünft ins Leben gerufenen Zeitungen «Presse» und «Figaro» bringt Zehntausende von Francs pro Seite. Auf den Boulevards, in unzähligen neuen und alten Lokalen trifft sich die Bohème der Journalisten und Künstler. Die neue Prosperität, das einzige Regierungsprogramm Louis-Napoléons, hat, wie es scheint, jedem etwas zu sagen, zu geben.

Einer der nicht allzu vielen unter den in Paris lebenden Künstlern, die vorläufig noch nicht am neuen Reichtum, am neuen Überfluß partizipieren, ist Jacques Offenbach. Zwar ist er bekannt als «Wunder-Cellist» der Salons und als solcher konzertiert er im März 1849 auch erfolgreich beim Prinz-Präsidenten im Élysée. Seine Walzer- und Romanzenkompositionen werden gespielt, gedruckt und verkauft. Wo von Kunst und Künstlern die Rede ist, hat er seine Freunde. Aber der Operntraum, die Sehnsucht des Bühnenkomponisten will und will sich nicht realisieren.

Offenbach ist inzwischen 30 Jahre alt, muß eine Familie ernähren, er tut alles, was eben einem Musiker in dieser Lage möglich ist. Er verfaßt musikalische Plaudereien für französische Zeitungen; bietet seinem Freund Schloß in Köln Artikel über das Pariser Kunstleben für die in Köln erscheinende «Rheinische Musik-Zeitung» an, schreibt neben den französischen Romanzen auch volkstümliche deutsche Lieder, mit deren Vertrieb sein Verleger nicht unzufrieden ist. Konzertreisen nach Köln haben ihn in diesen Jahren wohl auch erneut in lebhafte Beziehung zum dortigen Karnevalstreiben gebracht. 1850 hat er hier allerdings auch den Tod des einundsiebzigjährigen Vaters zu betrauern.

Ohne seine Umgebung etwas merken zu lassen, muß Offenbach in diesen Jahren unter dem Ausbleiben der Komponistenerfolge sehr gelitten haben. Der ewige Zirkel der Salons und Konzerte widert ihn seit langem an, und was nicht ausbleiben kann: in der Fachpresse macht man sich schon versteckt und offen über die Vernachlässigung seiner instrumentalen Technik lustig. Darüber nachdenkend, immer wieder auf neue Wege zum Opernruhm sinnend, sitzt er eines Morgens im Café Cardinal, dem Künstler-Café der Pariser Bühnenleute, als ihn der Anruf eines anderen Gastes trifft: «Haben Sie Lust, mit mir die Comédie-Française auf den Kopf zu stellen?» – «Natürlich, jeder Lärm ist mir recht», erwidert Offenbach.

Ihm ist der Gesprächspartner kein Fremder: Arsène Houssaye, der Boulevardier und Bohemien mit literarischen Erfolgen, ist gerade jetzt durch eine Laune der berühmten Schauspielerin Rachel Direktor der ersten staatlichen Schauspielbühne geworden. Vielleicht glaubt die Rachel auch, daß dieser begabte und erfolgreiche Dilettant der richtige Mann ist, den etwas verschlafenen Betrieb der Comédie wie-

Der Meuchelmörder bietet Frankreich seinen Arm an.
Lithographie von Honoré Daumier

der lebendig und vorbildlich zu machen. Jedenfalls bietet er Offenbach die Stellung eines Dirigenten der Schauspielmusik an. Sie ist mäßig dotiert, aber sicher, und Offenbach, im Nu beflügelt und begeistert, sagt zu. Er muß Zwischenaktsmusiken schreiben, sie auch dirigieren, Gesangseinlagen schaffen, vor allem aber das kleine Orchester, das in einem lamentablen Zustand ist, grundlegend verbessern. Mit Feuereifer, den Houssaye nicht nur während seiner Direktion, sondern zeit seines Lebens und in seinen Memoiren gerühmt hat, geht Offenbach ans Werk. Aber gegen altgediente Mitglieder,

Die Comédie-Française

die, am Gewinn des Hauses beteiligt, eine Vergrößerung des Orchesterraumes aus Furcht vor Einnahmeverlust (durch Aufgabe vermietbarer Publikumssitze) ablehnen, gegen Orchestermitglieder, die nichts
vom Aufgeben liebgewordener Schlamperei wissen wollen, gegen
ein Publikum, das die neue Musik und den seltsam aussehenden,
mit Frack, weißer Binde und Glacéhandschuhen ans Pult tretenden
Dirigenten ignoriert, kann auch er nichts ausrichten. *Kaum hatte
ich meine Stellung angetreten, so sah ich, daß ich vergeblich gegen
die Meinung kämpfen würde, die Comédie-Française müsse unter
allen Umständen eine unmögliche Musik, ein spottschlechtes Orchester haben.*[23]

Trotzdem hält Offenbach fünf Jahre auf diesem Posten aus. Noch
einmal ist er nicht nur Komponist und Interpret, sondern auch Studierender. Die französischen Klassiker, Molière vor allem, lernt er
aus der Theatersicht kennen. Zudem bringen Haus und Mitglieder
neue Beziehungen zu berühmten Künstlern, so zu Berlioz, der ihn
an den allgewaltigen Kritiker Janin empfiehlt. Den Schauspielerin-

50

Offenbach als Dirigent der Comédie-Française.
Zeitgenössische Karikatur

nen des Hauses – jede einzelne wichtig durch ihre Verbindungen zu hochgestellten Regierungsbeamten und vermögenden Finanziers – widmet er einen neuen Walzerzyklus, wobei jede einzelne namentlich mit einer eigenen Melodie angesprochen wird. Ein Glücksfall will es, daß Prinz Jérôme an einer seiner Zwischenaktskompositionen besonderes Gefallen findet, um ihre Wiederholung bittet und dem Komponisten ein Dankschreiben mit einem wertvollen Schmuckstück schickt.

Aber je mehr Offenbachs Beliebtheit und Popularität in allen Künstlerkreisen wächst, um so weniger werden seine dramatischen Versuche beachtet. Wieder veranstaltet er dramatische Konzerte. In einem führt er ein kleines Meisterwerk auf, das später seinen Ruhm in alle Länder tragen wird: *Die Verlobung bei der Laterne*, eine reizende, rustikale Schatzgräberei, bei der «Peter» nach Gold sucht und seine «Liese» als wahren Schatz findet, während das Zankduett der um Peter streitenden Nachbarinnen, vor allem aber das Angelus-Quartett, zu den Perlen Offenbachscher Einakterkunst gerechnet werden müssen. Trotzdem denkt die Komische Oper nicht daran, das Stück auch nur zu prüfen.

Schlimmer noch ist das Pech mit der Bühnenmusik zu Mussets «Chandelier». Der sonderliche, alternde Alfred de Musset hat selbst gebeten, sie Offenbach in Auftrag zu geben. Über Nacht wird sie komponiert. Das Lied des Schreibers Fortunio bleibt zeit seines Lebens eine Lieblingsmelodie Offenbachs. Aber in der Comédie muß sie ungesungen bleiben, weil Delaunay, erster Liebhaber des Hauses, wie sich bei der Probe herausstellt, eine Baß- und keine Tenorstimme hat, wie die Liebesmelodie sie erfordert. Um dieses einzigartige Lied werden später Crémieux und Halévy einen reizenden Einakter schreiben, jetzt geht die mit soviel Verve in Angriff genommene Bühnenmusik sang- und klanglos unter.

Noch ein drittes Werk bleibt in dieser Unglückssträhne unbeachtet, obwohl sich – zum erstenmal seit *Pascal et Chambord* 1839 – eine Bühne zur Erstaufführung bereit findet: *Pepito*, ein einaktiges Spiel zweier Freier um die von ihrem Bräutigam verlassene, schöne Wirtin Manuela. Die Uraufführung am 28. Oktober 1853 im Théâtre des Variétés wird von dem gefürchteten Kritiker Janin besonders gelobt, der Einakter verschwindet aber sehr bald vom Spielplan, um erst später in Deutschland als *Mädchen von Elizondo* populär zu werden, ein Musterbeispiel für Offenbachs Bestreben, nicht nur Solonummern, sondern «Situationen in Musik zu setzen», ein Prinzip, das er später in unzähligen Briefen seinen Librettisten einhämmern wird.

Halbe Erfolge, daneben wieder politische Unruhe, die erste Krise des neuen napoleonischen Systems: nur bis zum Mai 1852 soll nach dem Gesetz Louis-Napoléon Präsident bleiben. Wiederwahl ist nicht erlaubt.

Da das Gesetz nicht zu umgehen, nicht zu beseitigen ist, bereitet das gewählte Staatsoberhaupt den Staatsstreich vor. Heer und Beamtenschaft werden systematisch durch Beförderung, wenn nötig durch Bestechung gewonnen, wichtige Schlüsselstellungen mit Vertrauensmännern besetzt. Zum eigentlichen Drahtzieher wird der Herzog von Morny, natürlicher Halbbruder des Präsidenten. Merkwürdige Wandlungen hat dieser Mann, der in Offenbachs Leben noch eine Rolle spielen wird, durchlaufen. Reich, zeitig schon aus dem militärischen ins zivile Leben zurückgekehrt, die gesellschaftlichen Voraussetzungen der napoleonischen Herrschaft scharf erkennend und durchschauend, weiß er auch, daß nach getaner Staatsstreich-Arbeit der Ausgleich das denkbar Wichtigste ist.

Die Nacht zum 2. Dezember 1851 ist als Termin des Staatsstreichs vorgesehen. Mit Massenverhaftungen von Deputierten und Diktaturgegnern beginnt die Aktion. Im Grunde sind alle politischen Gruppen froh, daß die Unsicherheit ein Ende hat, daß durch einen «starken Mann» klare Verhältnisse geschaffen werden sollen. Nicht einmal die Arbeiter lassen sich zu einer Revolte aufhetzen. Trotzdem bleiben 209 Tote auf dem Pflaster, als ein Trupp Soldaten die Nerven verliert und auf Zuschauer schießt. Was bedeuten sie gegenüber 8000 Proletariern, die die sogenannte Zweite Republik unter Cavaignacs Befehl kaltblütig geopfert hat? Diese Frage wird in den beiden nächsten Jahrzehnten noch oft gestellt werden. Aber mit der Klugheit des «Teile und herrsche!» wird Napoleon samt seiner Kamarilla die gleiche unmögliche wirtschaftliche und soziale Situation, über die Louis-Philippe schon gestürzt ist, im Gleichgewicht halten. Ja, dieses im Grunde improvisierte Machtspiel ohne Programm und bar aller wirtschaftlichen und geschichtlichen Vernunft, den Eingebungen des Augenblicks und der einsamen Stunden des Diktators und seiner Clique folgend, wird einer notwendigen und vorwärtsführenden Entwicklung täuschend ähnlich sehen. Wird das Geld in diesen Jahren – laut Karl Marx – zur anonymen, zur «stets schlagfertigen, absolut gesellschaftlichen Form des Reichtums», verwandelt es die Menschen und Dinge, so wird Napoleon seinen Untertanen mit den der Staatskasse «entnommenen» Geldern so viel Glanz geben, daß keine Ernüchterung eintreten kann. Am Ende des Jahres erfährt der Usurpator durch ein Plebiszit, das er auch in Zukunft als probates Mittel seiner Gewaltpolitik anzuwenden versteht, daß siebeneinhalb Millionen Franzosen (gegen nur eine halbe Million von Gegnern) mit seinem Vorgehen einverstanden sind.

Er wird dieses zufriedene Volk in Atem halten. Am 2. Dezember 1852 wird durch Senatsbeschluß und neue Volksabstimmung der vorjährige Staatsstreich mit der Proklamation der Monarchie und Kaiserkrönung zu Ende geführt. Und am 30. Januar 1853 ist es Napoleons Vermählung mit der schönen Gräfin Eugenia de Montijo, die Paris und Frankreich zu neuen Festen ruft. Die Rue de Rivoli, durch die der Hochzeitszug den Weg nach Notre-Dame nimmt, ist eine Vorankündigung der neuen Prachtstraßen, die Präfekt Haussmann im Auftrag des Kaisers quer durch Paris ziehen wird, um aus der Lichterstadt die Hauptstadt der Welt, um durch ihre Breite und Pflasterung zukünftige Volksaufstände gegen Diktatur und Monarchie unmöglich zu machen.

Weiß Offenbach, was in Frankreich, in Paris vorgeht? Kaum. Er ahnt noch nicht, daß die neue Ära in Bälde auch seine Zeit sein wird, daß sie das Milieu schaffen wird, in dem er zum Abgott von Paris aufsteigen kann, daß zukünftige Generationen ihn neben und mit Louis-Napoléon als Repräsentanten dieser Jahrzehnte sehen werden. Er will die Opéra-Comique erobern. Er hat seine Sorgen in der Comédie und ist erbost, daß Direktor Houssaye Gounod und nicht ihn mit der Musik zu Ponsards Tragödie «Ulysse» beauftragt. Er gelobt *Rache diesem ganzen antiken Bühnenplunder gegenüber*, führt Operneinakter und humoristische Szenen nach Kölner Karnevalsmuster in seinen Vaudeville-Konzerten auf. Seiner Schwester Netta schreibt er zwar am 5. Dezember 1851: *Hier ist alles ruhig... ich hoffe, Paris wird seinen Glanz und seine Fröhlichkeit von einst wiederfinden*, aber immer ernsthafter und überzeugender klingt auch seine wiederholte Andeutung, aus der Pariser Misere gäbe es für ihn nur den einen, seit langem geplanten und für September 1854 nun ins Auge gefaßten Ausweg: Auf einige Jahre nach Amerika zu gehen.

Es war um jene Zeit, da ich fünf Jahre am Théâtre Français tätig war. Angesichts der dauernden Unmöglichkeit, aufgeführt zu werden, kam mir der Gedanke, selber ein Musiktheater zu gründen. Ich sagte mir, daß die komische Oper nicht mehr in der Komischen Oper wäre, daß die wirklich buffoneske, heitere, geistreiche Musik, kurz die Musik, die Leben in sich hat, nach und nach in Vergessenheit geriete, weil die für die Komische Oper arbeitenden Komponisten in Wirklichkeit kleine große Opern schrieben. — Ich erkannte, daß es etwas für die jungen Musiker zu tun gäbe, die, wie ich, vor den Toren des Théâtre Lyrique vergeblich ihre Zeit verloren.[24]

«Selber ein Musiktheater zu gründen», der Gedanke ist da. Mit seiner Verwirklichung wird Offenbach nicht zögern. Nicht zu den «Goldgräbern und Indianern», wie er seiner Schwester angekündigt

hat, wird er ziehen, sondern noch einmal Paris durchwandern auf der Suche nach dem Theater, in dem seine Werke endlich das Licht der Rampe erblicken sollen. Ist ihm ein anderer junger Komponist mit der Theatergründung auf eigene Faust nicht schon vorangegangen? Spielt Florimond Ronger, genannt Hervé, nicht seit geraumer Zeit schon in seinen «Folies», die nach mehrmaligen Namenswechsel als «Folies-Nouvelles» florieren? – Der Abstammung nach halb Franzose, halb Spanier führt Hervé zuweilen das Doppelleben eines Organisten und Groteskschauspielers. In seiner «Mamzelle Nitouche» wird er dieser Tatsache später mit der Doppelrolle des Celestin-Floridor ein Operetten-Denkmal setzen. Jetzt unterhalten seine Einakter allabendlich ein höchst gemischtes Publikum, nicht das vornehmste von Paris; die Halbwelt und ihr Anhang dominiert. Was tut's? Das zuständige Ministerium hat die Vorführungen, dem Amüsierbedürfnis der Massen Rechnung tragend, erlaubt, und Offenbach, der keine sich ihm bietende Theater-Chance außer acht läßt, hat sofort das richtige Stück, um es dem jüngeren Kollegen anzubieten. Jules Moinaux hat seinem Freund Jacques die Posse von dem Pariser Kontrabassisten geschrieben, der nach Amerika will, aber bei den Kannibalen in Ozeanien landet. Ausgeplündert bis auf Hut, Kragen und Krawatte wird er der Menschenfresser-Königin *Oyayaye* vorgeführt, die der ganzen «musikalischen Menschenfresserei» auch den Namen gibt. Ihr Appetit auf die Pariser Koteletts ist so groß, daß es aller List des Musikers bedarf, das Schlachtfest hinauszuschieben, um doch noch auf seinem Kontrabaß als Vehikel und mit wehendem Taschentuch als Segel der menschenfressenden Amazone zu entkommen.

Stoff, Rollen und Musik kennenlernen, das Stück annehmen, sich selber mit der Hauptrolle besetzen, ist für Hervé, der nach einem seiner Vaudevilles «le compositeur toqué» genannt wird, eines. Der Erfolg gibt ihm recht und wird eine letzte hohe Schule des auf sein eigenes Theater zusteuernden Offenbach. Noch einmal erprobt er komische und groteske Text- und Musik-Wirkungen, aus denen er völlig anders als sein Vorläufer (und Nachfolger) Hervé die Welt seiner neuartigen Theaterschöpfungen bauen wird.

Inzwischen hat Napoleon III. – so nennt er sich als Kaiser – für 1855 eine Weltausstellung in Paris angekündigt. Nach dem Erfolg der ersten derartigen Monsterschau 1851 in London wittert der napoleonische Hof das Geschäft, das Aufsehen, «Glanz und Fröhlichkeit», die ein solches Unternehmen für Paris und für das neue Kaisertum bedeuten kann. Auf dem Marsfeld, am Rande der Champs-Élysées, entsteht der «Industriepalast», der die Maschinen und Bildwerke aus aller Herren Ländern aufnehmen soll.

Freunde machen Offenbach auf eine Bretterbude in unmittelbarer Nähe der Baustelle aufmerksam. Es ist tatsächlich ein Theater, die Salle Lacaze, aber es befindet sich in grauenhaftem Zustand. Ein Zauberer und Taschenspieler hat bis vor kurzem seine Künste hier gezeigt, jetzt steht es leer. Die Lage ist einzigartig. Jeden Ausstel-

lungsbesucher, die Ausländer, die zu Tausenden, ja Zehntausenden sich in Paris schon angemeldet haben, muß der Weg zum und vom Industriepalast an dieser Bude vorbeiführen. Offenbach ist der 21. Bewerber um die Konzession. Wie soll er sie für dieses zugige, im sogenannten Zuschauerraum treppenförmig ansteigende Theaterhäuschen erhalten, da noch aus des ersten Napoleon Zeiten ein strenges Theatergesetz existiert, das jedem Bühnenhaus seinen Habitus, sein Genre, die Personenzahl der Darsteller vorschreibt, von der Präfektur auch geldliche Garantien gefordert werden.

Man schreibt den April 1855. Im Mai soll die Weltausstellung eröffnet werden. Keine Stunde ist zu verlieren. Die Konzession muß beschafft, das Theater neu eingerichtet, die Werke müssen geschrieben, die Künstler engagiert werden. In Eile wird eine Kommanditgesellschaft ins Leben gerufen, um dem neuen Theater möglichst auch finanzielle Sicherheit zu geben. Offenbach wird nicht nur Autor und künstlerischer Direktor seiner Bühne, sondern auch Geschäftsführer der Firma «Offenbach & Cie.», deren wichtigste Stütze Henri

Der sogenannte Industriepalast in den Champs-Élysées. Hier fand 1855 die Weltausstellung statt

Die Bouffes-Parisiens, Offenbachs erstes Theater. Karikatur aus dem Jahre 1855

de Villemessant ist. Dieser Mann hinter den Kulissen, anonymer Teilhaber vieler Unternehmen, Börsen- und Industriemakler, zwischen Riesengewinnen und oft nicht sehr ehrenhaften Konkursen hin- und herpendelnd, ist eine der typischsten Erscheinungen des Zweiten Kaiserreichs. Als Gründer von Modejournalen, Herausgeber des «Figaro» wittert er in Offenbachs Theaterplänen Erfolg und Geschäft; er rührt infolgedessen kräftig die Reklametrommel in allen ihm erreichbaren Gazetten.

Alle Freundschaften, künstlerische und menschliche Beziehungen werden eingesetzt. Die Schauspielerinnen der Comédie, die Größen der Salons, der huldreiche Prinz Jérôme, schließlich – auf welchen Wegen immer – der Herzog von Morny selbst; eine Vielzahl einflußreicher Damen und Herren werden für Offenbach gewonnen. *Ich werde mein Theater einfach die «Bouffes-Parisiens» nennen,* verkündet Jacques seinen Freunden, und diesen Namen bestätigt auch das Dekret des Ministers, das vom 31. Mai datiert und – endlich – am 4. Juni dem drängenden, wartenden, rasenden Offenbach vom Polizeipräfekten ausgehändigt wird. Es erlaubt Pantomimen, Harlekinaden mit fünf, komische musikalische Szenen mit zwei oder drei Personen, physikalische und andere Taschenspielereien, chinesische Schattenspiele und Fantoccini, Tricks und Seltsamkeiten aller Art, Tänze mit höchstens fünf Tänzern, Lieder, von einer oder zwei Personen mit oder ohne Kostüm vorgetragen. Dies also der behördliche Rahmen, in dem Offenbach sein erstes Theater führen darf.

Inzwischen wird am 15. Mai die Weltausstellung eröffnet, die noch unfertige Halle des Industriepalastes vom Kaiser ihrer Bestimmung übergeben, Paris, wie erwartet, von Fremden aller Länder, Sprachen, Trachten überflutet. Die Ball-Lokale, die Café-Concerts, die Theater sind überfüllt. Zweiundfünfzig Tage nach Beginn der Ausstellung findet die erste Aufführung in Offenbachs Bouffes-Parisiens statt. «Tout Paris», das einheimische und das zugereiste, gibt sich ein Stelldichein bei der Eröffnungspremiere am 5. Juli 1855. Die «Bonbonnière», wie Offenbachs Miniaturtheater schon vor der Eröffnung von den Parisern genannt wird, kann die Menge der Prominenz kaum fassen. So ist es nicht nur am ersten – so bleibt es für viele hundert Abende.

Bis zur Generalprobe ist am Eröffnungsprogramm gearbeitet worden. Der Prolog *Entrez mesdames, messieurs* hat nicht weniger als dreimal den Autor gewechselt. Schließlich bringt er Offenbach die erste Zusammenarbeit mit seinem wichtigsten Librettisten Ludovic Halévy. Dieser Sohn des Theaterdichters Léon Halévy, Neffe des

Auf den Rängen der Bouffes-Parisiens

«Die beiden Blinden». Karikatur

Komponisten Fromental Halévy [25], ist Ministerialbeamter besonderer Art. Wohlhabend, ein vielgereister, eleganter Frauenfreund, liegt ihm an seiner Schriftstellerei mindestens ebenso viel wie an seinem Amt. Der Prolog für die Bouffes, den er tatsächlich in letzter Stunde aus Vorhandenem und Eigenem geschickt zusammenfügt und mit dem Pseudonym Jules Servières zeichnet, wird als kleines, komisches Meisterstück belacht und beklatscht. Die gute Laune, die er verbreitet, wird durch Rossinische Musik verstärkt, die in Offenbachs Arrangement zu der nun folgenden Pantomime erklingt (Rossini wohnt als Ehrengast der Eröffnung bei). Dann folgt ein echter Offenbach, die kleine komische Oper *Une Nuit blanche,* ein ländlich-empfindsames Singspiel um die Hochzeitsnacht einer Schmugglerbraut, mit Zöllner-Eifersucht und fröhlich-melodiösem Schluß. Schon herrscht Heiterkeit, beste Stimmung, Applaus. Den Erfolg der Bouffes als

Institution, die Serie der nun folgenden ausverkauften Häuser besiegelt das Schlußstück des Programms.

Noch bei der Generalprobe haben Freunde, Mitarbeiter, hat der Textdichter des Stückes Offenbach beschworen, diese «musiquette»[26], den Einakter *Les deux Aveugles* (*Die beiden Blinden*) in der Versenkung verschwinden zu lassen. Ein Theaterskandal sei unausbleiblich, wenn diese rüde, unbarmherzige Bettlerszene zur Darstellung käme. Das Publikum wolle nicht angewidert, sondern unterhalten sein.

Dieser Ansicht ist Offenbach auch. Aber warum soll man das Publikum nicht auch mit lachendem Spott, mit Ironie und Desillusionierung alltäglicher Dinge unterhalten? Er behält recht. Das Publikum rast vor Begeisterung, als die beiden Komiker als Bettlertypen – der fette Pradeau als Posaunist Patachon mit seiner Philosophie des Stumpfsinns, der hagere Berthelier mit Marseiller Dialekt als dürrer Gitarrist Giraffier – auftreten und auf derselben Pariser Brücke Posten fassen. Gestern Lahme, heute Blinde, betrügen sie das Publikum, disputieren in leicht kontrapunktisch verklausulierten Gesängen über ihre Rechte und Pflichten, wollen durch Kartenpartie entscheiden, wem das Anrecht auf den Brückenplatz zukommt, beschimpfen und schlagen sich schließlich um einen ihnen zugeworfenen Sou noch in den fallenden Vorhang hinein.

Die Leute lachen, klatschen, schreien, «als ob ein Wunder geschehen sei», meint der Kritiker Janin. Und das Wunder geschieht wirklich. Diese ein Motiv der alten «Beggar's Opera» auffrischende und Grundthemen der acht Jahrzehnte später geschaffenen «Dreigroschenoper» vorwegnehmende Musiquette mit der amüsanten und melodiösen Offenbach-Musik wird mehr als vierhundertmal gespielt, einmal auch während des Krimkrieg-Friedenskongresses auf Napoleons ausdrücklichen Wunsch in den Tuilerien.

Aus der Provinz, aus den Café-Concerts hat Offenbach sich sein Gründungsensemble zusammengeholt. Der Zufall und sein Spürsinn für echte Talente führt ihm die bedeutendsten seiner Darsteller zu, so die einzigartige Hortense Schneider; eine rothaarige Schönheit deutscher Abstammung. Über die Provinzschmiere ist sie auf gut Glück nach Paris gekommen. Berthelier, einer der «Beiden Blinden», stellt sie seinem Chef vor, der sie vorsingen läßt und in Offenbachschem Galopptempo engagiert. In einem neuen Einakter, der bretonischen Legende *Le Violoneux*, debütiert sie, und ihr Aufstieg, der von Jacques' Theater fort- und wieder zu ihm zurückführt, ist unaufhaltbar.

Die Bouffes leben inzwischen von immer neuen Einaktern. Ländliche Idyllen wechseln mit komischen Duoszenen, mehr oder weniger Parodistisches mit lyrisch Sentimentalem. Einmal versucht sich Offenbach ganz ernsthaft im Stile Meyerbeers, er schreibt mit allen Stilingredienzien der großen Oper das Phantasiestück *Les trois Baisers du Diable*. Aber schon hat man sich so an die Heiterkeit in den Bouffes gewöhnt, daß das Publikum eine versteckte Travestie vermutet und – lacht! Es lacht auch über die Dorfkomödie *La Rose de St. Flour* aus der Auvergne, für die der Komponist zum erstenmal die Bezeichnung «Operette» anwendet. Noch will dieser Titel nichts anderes besagen als eine kleine, wirklich komische, heitere Oper, zu deren Komposition Offenbach immer wieder – auch nach den großen Welterfolgen der sechziger Jahre – zurückkehren wird. Jetzt garantieren sie den Publikumserfolg in seinem Theaterchen, wo im Juli 1855 neben den *Beiden Blinden* als Novität *Rêve d'une Nuit d'Été* herauskommt, der, die englischen Ausstellungsbesucher liebenswürdig verulkend, schon an *Pariser Leben* denken läßt.

Der Verbrauch an Werken wird stärker. Offenbach ist nicht nur Direktor und Komponist, er muß auch alle Verhandlungen mit Behörden führen. *Ich hatte das Privileg unter der Bedingung erhalten, nur Saynetten[27] mit zwei oder drei Personen aufzuführen... In einem Zeitraum von vier Monaten habe ich sieben oder acht Stücke gegeben... Dann habe ich in der Passage Choiseul aufgemacht... Damals hat man mir mein Privileg etwas erweitert, indem man mir erlaubte, statt Saynetten Operetten in einem Akt auf das Programm zu schreiben. Später durfte ich vier Personen auftreten lassen. In den beiden letzten Jahren war die Zahl der Personen unbeschränkt. Schließlich erhielt ich die Genehmigung, Buffo-Opern in zwei Akten und so vielen Tableaux als ich wollte zu spielen. Ich habe während viereinhalb Jahren annähernd fünfunddreißig Operetten in ein und zwei Akten gespielt.*

Seit Winterbeginn hat die Ausstellung ihre Pforten geschlossen. Die kleine Bretterbude am Carré Marigny muß mit einem heizbaren Theater vertauscht werden. Offenbach übernimmt von Charles Comte das Zauber- und Kindertheater in der Rue Monsigny, Ecke Passage Choiseul, renoviert eiligst das Haus, das er zu den neuen Bouffes-Parisiens macht, die er noch sechs Jahre lang leiten wird. Am 29. Dezember 1855 findet die Eröffnung mit der Erstaufführung von *Ba-ta-clan* statt, dessen Buch von Halévy stammt und diesmal auch seinen Namen trägt. Diese erste Zusammenarbeit der jetzt schon Befreundeten setzt die Erfolgsserie der Bonbonnière fort, die als Sommerresidenz für die nächsten Jahre beibehalten wird.

Ein halbes Jahr wimmelte es in Paris von Fremden, von exotischen Würdenträgern. Warum also jetzt nicht auch dem Pariser Publikum, das seit Winterbeginn an Stelle der Zugereisten wieder die Theater füllt, ein Stück Exotik vorgaukeln? – Die musikalische Chinoiserie

Hortense Schneider

Offenbachs zweites Theater in der Rue Monsigny

Ba-ta-clan, die am Hofe des Chinesenkönigs Fe-ni-han spielt, ist bald ebenso bekannt wie das Bettlerstück des ersten Eröffnungsprogramms. Bemerkt das sich köstlich amüsierende Publikum, daß neben den mitreißenden Rhythmen und einschmeichelnden Melodien, die Offenbach nur ganz leicht exotisch färbt, so etwas wie eine erste Persiflage, eine erste schüchterne Karikatur des Pariser Lebens, des – nach China verlegten – napoleonischen Hofes, aber auch der italienischen und der großen französischen Oper des allgewaltigen Meyerbeer in Szene geht? Sind Offenbach und Halévy sich dieser parodistischen Züge bewußt, die in der Räuberoper-Musiquette *Trombal-Cazar* und der Ritterdramen-Bouffonerie *Croquefer ou le dernier des paladins* kräftig – allerdings mit anderen Textautoren – fortgeführt werden?

Das neue Haus floriert, der Name «Ba-ta-clan» zieht durch Paris, Frankreich, die Welt. In Europa und Amerika nennen sich Amüsier-

Etablissements nach dieser Chinoiserie Offenbachs, der das Kapital
seiner Kommanditgesellschaft erhöht, seinen Etat entgegen allen An-
würfen und Verdächtigungen zunächst in Ordnung hält, guten Ge-
wissens seinen fest dotierten Posten an der Comédie-Française aufgeben kann.

Natürlich wird Offenbach, der bis 1858 rund dreißig Einakter für
sein eigenes Repertoire komponiert, einrichtet, inszeniert (darunter
die früher als halbe Erfolge schon gespielten *Pepito, Verlobung bei
der Laterne* und *Fortunios Lied*), nicht das ganze Programm allein
bestreiten können. Ständig sucht er nach Mitarbeitern und bringt
vieles weit unter dem Niveau der eigenen Produktion liegende.
Durch ein Preisausschreiben mit einer Jury (der Komponisten wie
Gounod und Halévy und der Librettist Eugène Scribe angehören),
Goldmedaille und gutem Entgelt für den Sieger lenkt er – erfahren in
allen Mitteln geschickter Publizität – erneut die Aufmerksamkeit der
Fachkreise und Musikkritik auf sein Unternehmen. Immerhin zeigt
die bei dieser Gelegenheit veröffentlichte Abhandlung über die ge-
schichtliche Entwicklung der Komischen Oper und ihre Zukunfts-
möglichkeiten, daß der ehemalige Conservatoire-Schüler und Violoncellist der Opéra-Comique sich sehr gründlich mit den historischen
Fakten, den unterschiedlichen Quellen und der bisherigen Entwicklung
der Buffa, des Singspiels, der Jahrmarkts- und Balladen-Oper befaßt hat.

Partiturseite aus «Fortunios Lied», 1861

Das Theater der Bouffes-Parisiens will versuchen, das einfache heitere Genre wiederherzustellen ... Sein Name allein schon legt ihm diese Verpflichtung auf ... Ohne alle Anmaßung, im Rahmen seiner bescheidenen und begrenzten Sphäre ... will es den unerschöpflichen Faden der alten französischen Heiterkeit weiterspinnen helfen ... Es hat keinen anderen Ehrgeiz als den, sich kurz zu fassen, und wenn man darüber nachdenkt, so ist das kein geringer Ehrgeiz. In einer Oper von etwa dreiviertel Stunden Dauer, die nur drei Personen auf die Bühne bringt und nur ein Orchester von höchstens dreißig Musikern zur Verfügung hat, muß man Ideen und vollwertige Melodien haben ... Um der französischen Bühne würdige Künstler zuzuführen, lade ich die jungen Komponisten zu einem kleinen Wettstreit ein. Das Theater, das ich ihnen öffne, verlangt nur drei Dinge von ihnen: Geschicklichkeit, Kenntnisse und Einfälle.[28]

Das Ergebnis des Wettbewerbs ist mager. Georges Bizet (damals neunzehnjährig, zwanzig Jahre später wird er «Carmen» schreiben) und der fünfundzwanzigjährige Musiklehrer Alexandre Charles Lecocq (der zwei Jahrzehnte später als Operettenkomponist zeitweilig ein ernsthafter Konkurrent Offenbachs wird) sind die Preisgekrönten. Beiden ist die Komposition desselben Textes zur Aufgabe gestellt worden. Nicht uninteressant, daß es ein Thema aus der Sphäre von E. Th. A. Hoffmann ist («Doktor Mirakel»).

Ohne jede Sensation gehen Premieren und Wiederholungen der beiden Wettbewerbsopern vorüber. Daneben laufen viele opéra-bouffes, Vaudevilles (zum Teil fast dilettantischer Herkunft), die Offenbach, ewig auf Repertoire-Suche, annehmen und aufführen muß. Solche Fehler sucht er auszugleichen, er bindet den persönlichen Freund Léo Delibes, der später zum gefeierten Opern- und vor allem Ballett-Schöpfer aufsteigen wird, ständig als Komponisten an sein Theater; Adolphe Adams letztes dramatisches Werk «Les Pantins de Violette» kommt bei ihm als liebenswürdige Harlekinade wenige Tage vor des Komponisten Tod zur Erstaufführung. Im Mai 1856 erfüllt er sich selbst als Mozart-Verehrer[29] einen Herzenswunsch mit der Aufführung des Mozartschen «Schauspieldirektor», der in den Bouffes als «L'Imprésario» in einer nach der deutschen Partitur gearbeiteten Neufassung von Battu und Halévy herauskommt. Ein Jahr später überläßt Rossini mit der Bemerkung, er freue sich, «für den Mozart der Champs-Élysées» etwas tun zu können, Offenbach die Aufführung seiner einst in Venedig durchgefallenen und auch jetzt nur mit Respekt aufgenommenen Buffo-Oper «Signor Bruschino».

Der 3. März 1858 bleibt ein einschneidendes Datum für Offenbach und die Bouffes: Alle beengenden Vorschriften sind aufgeho-

Der Boulevard des Italiens in Paris

ben. Zum erstenmal kann Offenbach in der opérette-bouffe *Mesdames de la Halle*, einem derben, mit allen denkbaren Pariser Dialektklängen und saftigsten Volkstypen durchsetzten Marktfrauenstück, einen singenden Chor und beliebig viele sprechende und singende Personen auftreten lassen. Ein Fortschritt, und doch auch eine Gefahr. Offenbach, persönlich bescheiden, mit einem Quäntchen Luxus für sich und die Seinen leicht zufriedengestellt (das Mittagessen im Café gehört dazu, Geselligkeit in Lokalen und vor allem in seinem Heim; die Zigarre, das Glas Wein und immer ein bißchen Glücksspiel, wo die Möglichkeit sich dazu ergibt), verliert jede finanzielle Kontrolle, sobald es um andere, vor allem aber wenn es um Theaterdinge geht.

Der eng gesteckte Rahmen der ersten Bühne hat zwangsweise den Etat im Gleichgewicht gehalten. Die Renovierung des zweiten Theaterhauses, manche kostspielige Ausstattung werfen Probleme auf, die Offenbach – häufig auf der Flucht vor seinen Gläubigern, mehr als einmal trotz persönlicher Ehrenhaftigkeit dem Bankrott nahe – durch sein weiteres direktoriales Dasein begleiten werden.

Er ist alles andere als Geschäftsmann. Große, später phantastische Gagen zahlt er gerne. Für die Bühnenausstattung darf nichts zu teuer sein, an Décor und Kostüm soll, wenn irgendmöglich, nicht gespart, persönliche Not soll in seinem Kreis gelindert werden. Auch Geselligkeit und die stadtbekannte Gastlichkeit der Offenbachs, die berühmten «Freitag-Abende bei Jacques», für die die Offenbach-

67

sche Wohnung bald zu klein wird, fangen an, Geld, mehr Geld zu kosten.

Der «Zauberer der Bouffes-Parisiens», dem täglich ein Dutzend herrlicher Melodien zufliegen, die mit mikroskopisch kleiner Notenschrift die Notenblätter füllen – dieser immer unruhige Geist, der Textbücher und Romane überfliegt, Zeitungen nach brauchbaren Anekdoten für die Musiquettes seiner Bühne durchsucht, dieser Tausendsassa braucht Menschen, Gesellschaft, Lärm und Leben um sich. Wenn andere Künstler nur in strenger Klausur Ruhe für die Arbeit finden, sucht Offenbach Unterhaltung, Gerede, Gesellschaft um sich her. Inmitten der Plauderer, Witzeerzähler, Lärmmacher bringt er am besten und schnellsten seine Einfälle zu Papier. Die Nervosität der wachsenden Großstadt Paris ist sein Lebenselement. Sie kennt er, sie liebt er und macht sich doch allzu gerne lustig über ihr Getue, ihre Eleganz, ihre Moden.

Nichts Bösartiges steckt in diesen Späßen, die er in seine Werke einfließen läßt. Wenn er auch die italienische oder die große französische Oper seines Landsmanns Meyerbeer mit ein paar sinnlosen Koloraturen und entstellten Melodieanklängen verulkt (persönlich ist er stolz auf seine Freundschaft mit Meyerbeer, den er stets höchst persönlich in die für ihn reservierte Loge führt), wenn er Pathos und angemaßte Würde der «Großen» in Regierung, Finanz und Kommerz der Lächerlichkeit preisgibt: nicht auf die Barrikaden des Aufstands ruft das sein Publikum, das im Gegenteil lacht, sich amüsiert, das folgsam Napoleons III. Devise von «Freude und Glanz» realisiert.

Schon lassen sich Offenbach und seine Bouffes aus dem Pariser Vergnügungskalender nicht mehr wegdenken, nicht von den Parisern, nicht von den Fremden, für die eine Paris-Fahrt ohne Theaterabend bei Offenbach immer unvorstellbarer wird. Und da nicht jedes Jahr Weltausstellung mit Fremdengedränge in Paris sein kann, müssen die Bouffes auch aus Kassengründen zu den Fremden fahren – auf Reisen gehen. 1857 gastiert man zum erstenmal in London, ab 1858 alljährlich in Berlin und Bad Ems, dessen vom internationalen Badepublikum frequentiertes Kurtheater eine Domäne Offenbachschen Frohsinns wird. 1861 wird Wien zum erstenmal bedacht, das in Zukunft als die zweite Offenbach-Metropole gilt.

Und wo Offenbach mit seinem Theater, seinen Werken auftaucht, jubelt man ihm als dem Pariser, als dem typischen Vertreter französischen Charmes zu. «Wie französisch das alles ist! Eine so gutartige, so naturgewachsene Komik, daß ihr alles erlaubt ist! Echt, spontan, großartig!»: diese Sätze finden sich im Pariser Reisetagebuch des Grafen Leo N. Tolstoj. Sie bestätigen, was Paris selbst tagtäglich über Offenbach und seine Bouffes denkt, sagt und schreibt.

GEBURT DER OPERETTE

Mit Datum vom 5. Juli 1858 schreibt Offenbach aus Bad Ems an Ludovic Halévy: *Lieber Freund! Nicht mit der Schilderung all meiner Leiden will ich Dich behelligen ... Du sollst aber wissen, daß fast das ganze Stück fertig ist und daß ich damit sehr zufrieden bin, was ja das wichtigste ist ...*

Ob Jacques wirklich des immer quälenderen Rheumatismus wegen nach Bad Ems gefahren oder ob es eine der immer häufiger notwendigen Fluchtreisen vor drohenden Gläubigern ist, bleibe dahingestellt. Tatsache ist, daß er von jetzt an viele Jahre hindurch Bad Ems aufsucht, zur Kur, zur Komposition, zur Erstaufführung von Einaktern, und das Stück, auf das dieser Brief sich bezieht, ist sein zukünftiger beispielloser Welterfolg *Orpheus in der Unterwelt.*

Schon 1856 hat Hector Crémieux, einer der Einakter-Autoren der Bouffes, unter Mitarbeit von Ludovic Halévy, auf Offenbachs Anregung hin einen «Orpheus»-Entwurf geliefert. Offenbach, der nie sein eigener Textdichter geworden ist, hat auch nie eine Note zu einem Buch komponiert, das er nicht ausgesucht, angeregt oder stark beeinflußt hat. Je bedeutungsvoller die Projekte werden, um so stärker seine Einflußnahme auf Thema, Szenenfolge, gesprochenen und gesungenen Dialog.

Seit den Anfängen der Oper ist Orpheus und sein Sagenkreis meist vertonte mythologische Vorlage der Musikbühne gewesen. Eine seriöse Oper wird Offenbach über die Sagenfigur nicht schreiben. Aber auch auf dem Gebiet der komischen Darstellung, der Karikatur und Ironie gibt es Vorbilder genug. Jahrmarkttheater, französische Komische Oper, Wiener Singspiel, vor allem aber der Kölner Karneval – sie alle haben Parodien auf griechisch-mythologische Themen gekannt. Wahrscheinlich hat Offenbach ein Divertissementchen über den Orpheus-Stoff gesehen, vielleicht die Clairville-Revue «Die Götter des Olymp in Paris» gekannt. Daß er Eigenes und Neues vorhat, geht schon aus der Korrespondenz mit den Librettisten hervor, beweist auch die Tatsache, daß das Projekt so lange verschoben wird, bis ein adäquater Rahmen für seine Durchführung vorhanden ist.

Das strenge Drei-Personen-Reglement macht eine Ausführung zunächst unmöglich. Wahrscheinlich hat der theaterbesessene Herzog von Morny, von dem Offenbach später einen Einakter unter dem Pseudonym St. Rémy aufführen wird [30], sein Teil zur Aufhebung der beengenden Vorschriften beigetragen. Schon in *Croquefer* hat Offenbach – darin dem Beispiel Hervés folgend – der Behörde ja ein Schnippchen geschlagen, indem er maskierte Puppen eingeführt und einen Darsteller, der selbst stumm bleibt, Spruchbänder hervorzaubern läßt, auf dem alle von ihm erwarteten Kraftausdrücke zu lesen sind.

Da er 1858 endlich völlig frei über Größe des Ensembles, einschließlich Chor, Ballett und Statisterie, verfügen kann, wird der Orpheus-Plan sofort wiederaufgenommen. Kräftig arbeitet Offenbach an den Entwürfen seiner Librettisten mit, drängt die Textverfasser wie kaum ein anderer Komponist zur Eile, zur Fertigstellung. Aber die endgültige Fassung erhalten die Werke erst, wenn die Besetzung feststeht, wenn Offenbach als Dirigent und Inszenator an ihrer Bühnenerscheinung feilt. So wird denn für jede Figur – auch des «Orpheus» – der jeweils beste Darsteller gesucht, andererseits für eine

Höllengalopp aus «Orpheus in der Unterwelt»

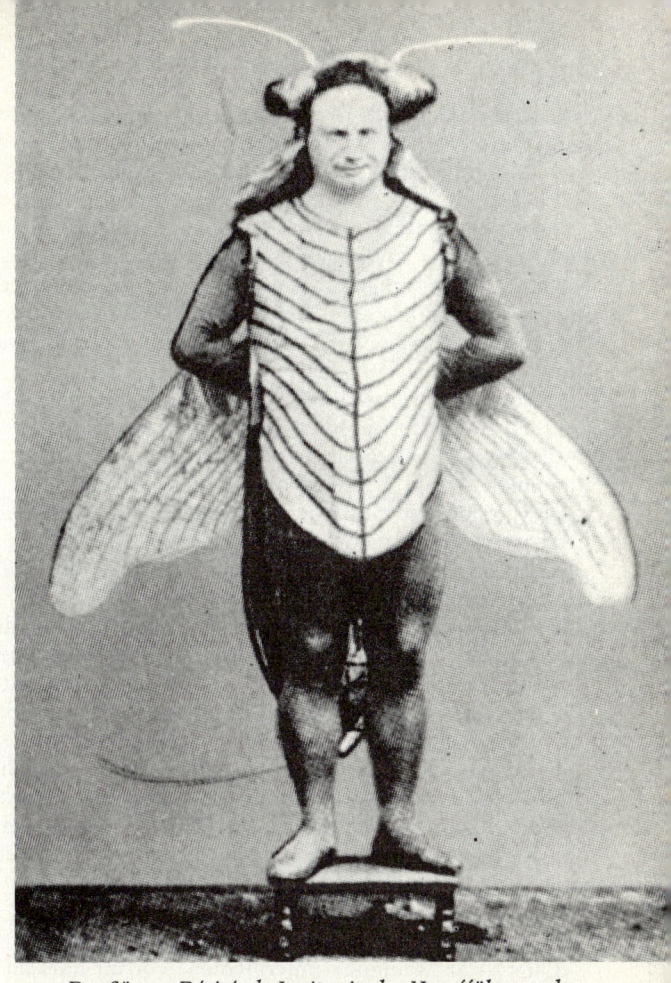

Der Sänger Désiré als Jupiter in der Uraufführung des
«Orpheus in der Unterwelt»

besondere Schauspieler-Individualität auch eine Rolle geschaffen, so
etwa für den dürren, melancholischen Komiker Bache die des Hans
Styx mit dem zum Weltschlager gewordenen Couplet «Als ich einst
Prinz war von Arkadien».

Je weiter die Arbeit fortschreitet, um so mehr wachsen die Schwierigkeiten. Die immer schlimmeren Geldsorgen führen zur Beleihung
der hinterlegten Kautionen, zum billigen Verkauf der Verlagsrech-
te, zu plötzlichen Einsparungen an unmöglichster Stelle. Was aber
fast zur Katastrophe wird: Halévy, der inzwischen zum General-

sekretär im Algerien-Ministerium ernannt ist, fällt plötzlich als Mitarbeiter aus, er zieht seinen Namen von dem weit gediehenen Projekt zurück. Pflichten des neuen Amtes sollen den Schritt erklären.
In Wahrheit ist es Halévy klar, daß Offenbachs *Orpheus* zwar auch
eine Opernparodie, vor allem aber ein karikaturistisches Abbild des
Pariser Lebens in der neuen kaiserlichen Ära werden soll. Durch
Offenbachs inständige Bitten läßt er sich zu geheimer Weiterarbeit
bewegen, aber für den Text zeichnet Crémieux allein, wenn auch
er und der Komponist das Stück «ihrem Freunde Halévy» dedizie-
ren.

Vergnügen und Lachen beginnen in Offenbachs *Orpheus in der
Unterwelt* eigentlich schon mit der Avant-Scene der «Öffentlichen
Meinung», die nach eigener Ankündigung den Chor der Alten auf
mondäne Weise ersetzt. Vor ihr erzittern nicht nur Orpheus, der
sich vom klassischen Barden zum modernen flatterhaften Geiger, Professor des Konservatoriums in Theben gewandelt hat, nicht nur seine ungetreue, in den Honighändler Aristeus, alias Pluto, verliebte
Gattin Euridyce, die mit Wonne den abenteuerlichen Weg zur Unterwelt antritt, sondern auch die «Unsterblichen», die Götter des
Olymp. Auf Wolken gebettet, im Summchor schnarchend, ruhen sie
sich von allzu irdischen Amüsiereskapaden aus, samt ihrem Ober-
Gott Jupiter, gegen den sie zu den Klängen der (unter Louis-Napoléon als Aufruhrlied verpönten) Marseillaise revoltieren. Und um
der Langeweile, dem schlimmsten aller Übel, zu entgehen, ziehen sie
mit ihrem stets auf Liebesabenteuer erpichten Götterkönig zur Unterwelt hinab, wo der ständig betrunkene Pluto-Diener Styx Eurydice bewachen soll, aber die Annäherung Jupiters in der Verkleidung
einer summenden Fliege nicht verhindern kann.

Den Nektar-Rausch des Höllenfestes bei Pluto – Opernparodie
und Verherrlichung neuer Lebensfreude in einem – kann nur die
«Öffentliche Meinung» unterbrechen. Vor ihr muß auch der Götter-
Monarch sich beugen. Wie das Gesetz der Sage es befiehlt, soll Orpheus sein Weib wieder in die Welt der Sterblichen zurückführen,
mit der klassischen Bedingung, sich vor Ende der Wanderung nicht
nach ihr umzuwenden. Doch aller Vorsorge der «Öffentlichen Meinung» zum Trotz bleibt Jupiter der Sieger; ihm wird Euridyce als
Bacchantin («Evohé! Bacchus est roi!») in den Olymp folgen. Pluto,
der gegen diese Entstellung der Mythologie feierlichst protestiert,
wird mit der Bemerkung abgefertigt: «Unsere Hofbuchdruckerei wird
eine neue, verbesserte Auflage herausbringen!», worauf Sterbliche
und Unsterbliche sich im Rausch, im bacchantischen Taumel des Höl-
lengalopps vereinen.

Auf diese burleske Oper hat Offenbach wie ein Spieler gesetzt.

Der Kritiker Jules Janin

Mit ihr, davon ist er fest überzeugt, muß und wird sich der künstlerische und Kassenerfolg der Bouffes-Eröffnung im Weltausstellungs-
jahr wiederholen. Er hat, allen Anfechtungen, Schwierigkeiten und
Unglücksprophezeiungen zum Trotz recht behalten. *Orpheus* ist d a s
Offenbachsche Werk geworden und über allen Zeitwandel hinweg
geblieben, das charakteristischste für ihn und seine Epoche, das Zweite Kaiserreich!

Die Premiere am 21. Oktober 1858 ist ein guter, kein überwälti-
gender Erfolg. Das Publikum klatscht, staunt, ist hingerissen von
den rasenden Rhythmen. Es gibt begeisterte, aber auch zurückhalten-
de Kritiken. Die Einnahmen steigen, allabendlich bessert sich die
Kasse, bis im November – eigentlich unerwartet – eine Flaute eintritt. Offenbach ändert, streicht, läßt ganze Szenen weg. Aber die
Hilfe kommt von anderwärts.

Jules Janin, Kritikerpapst und gefürchteter Kunstrichter im «Journal des Débats», ist Offenbach bisher wohlgesonnen gewesen. Jetzt,
über zwei Monate nach der Premiere, fährt er in seinem Blatt schwer-
stes Geschütz gegen Offenbachs Novität auf: Sakrileg! Man tötet die

Die Liebesaffären Napoleons III.

Helden des klassischen Altertums, am Olymp und seinen Gotthei-
ten hat man sich zu vergreifen gewagt! Die ganze Antike mit ihren
heiligen Gestalten hat man in den Staub gezerrt, durch Lächerlichkeit töten wollen!

Besseres kann kein Freund für Offenbach tun. Zwei Tage darauf
erwidert Crémieux im «Figaro», Mr. Janin habe sich mit seiner fulminanten Kritik selber das Urteil gesprochen. Die Worte, die im
ganzen Werk am meisten belacht werden, sind die Auftrittsphrasen
des Pluto im Olymp, wenn er, um Jupiter von seiner Untat abzu-
lenken, dahersäuselt: «Hier spürt man den Duft von Myrten und
Verbenen, von Nektar und Ambrosia, der Tauben Gurren, Apollos
Lieder, die Flöten und Leiern von Lesbos klingen auf... Hier sind
die Nymphen... die Musen... die Grazien sind nicht fern...» Und
diese Sätze sind Wort für Wort einer Tanzkritik des großen Janin
im Feuilleton seines Blattes vom 10. Mai 1858 entnommen!

Janin schweigt, verreißt bei nächster Gelegenheit erbarmungslos

Offenbachs Musik. Auch darauf erhält er in aller Öffentlichkeit eine Antwort des Komponisten. Aber die Pressefehde hat längst ihre Wirkung getan: allabendlich ist *Orpheus* ausverkauft. Zweihundertachtundzwanzigmal wird er gespielt. Dann ist das Ensemble so erschöpft, daß eine Pause eintreten muß.

Dieses Ensemble wird nicht von Hortense Schneider geführt. Sie ist zur Zeit zu sehr mit ihren großen Affären, vor allem ihrer Liebe zu dem exzentrischen Herzog von Caderousse, beschäftigt; sie hat Offenbachs Theater wegen lächerlicher Gagendifferenzen verlassen. So spielt statt ihrer die aus Brüssel herbeigeholte zerbrechlich-bezaubernde Lise Tautin die Eurydice.

Am Abend der vorläufig letzten triumphalen *Orpheus*-Aufführung ist der Französisch-Österreichische Krieg in Norditalien durch die Schlacht bei Magenta für Napoleon III. entschieden. Die Parade der zurückkehrenden Truppen findet auf der Place Vendôme zu Klängen Offenbachscher *Orpheus*-Musik statt, von der ganz Paris jetzt widerhallt. Und wenn Napoleon sich durch den Sieg in Italien und die Unterstützung der meisten europäischen Regierungen, die in ihm und seinem System Garanten gegen Umsturz und soziale Unruhe sehen, Sicherheit für eine Reihe von Jahren verschafft hat, so ist ihm in Offenbach ein Mit- und Gegenspieler erwachsen. Als Beweis mag die Premiere der zweiten *Orpheus*-Serie gelten, die für Kaiser und Hof im Théâtre des Italiens veranstaltet wird, das Dankbillet, das Napoleon an Offenbach schickt, die Bronzestatuette mit den Worten: «L'Empereur à Jacques Offenbach» – «Der Kaiser dem Komponisten des *Orpheus*».

Und was nun macht den ungeahnten Erfolg dieses Werkes aus? Die Parodie der Oper von Gluck bis Meyerbeer, der Witz mit den Gestalten der Antike? Der Spiegel, der der Gesellschaft und den Regierenden des Zweiten Kaiserreichs lachend vorgehalten wird? Oder merkt dieses bourgeoise Publikum, das Tag für Tag die Kasse stürmt, gar nicht, daß hier die durch Polizei und Zensur zum Schweigen gebrachte demokratische Opposition, daß ihr eigenes, durch Profit und Prosperität, durch Fest und Glanz betäubtes Gewissen in der großen Operette, dem Werk Offenbachs, ein neues, unüberhörbares Sprachrohr gefunden hat? Sehen die Besucher im Parkett sich nicht selber abkonterfeit in korrupten Figuren aus klassischen Gefilden? Ist «Jupiterlein» doch mitsamt seiner Götterschar, der eifersüchtigen olympischen Gemahlin, seiner ewigen Sucht nach Liebe und Abenteuer fast porträtecht ihrem eigenen neuen Hof und seinem Souverän nachgebildet! Und der Rausch der eigenen Feste ist es doch auch, der aus der Musik, der unverwechselbaren, hinreißenden Offenbachschen Musik ihnen entgegenklingt.

Ein Mißverständnis ist es gewiß, die «Offenbachiade», die sich hier zum erstenmal ganz ausprägt und zu internationalem Rang aufsteigt, nur als Parodie, als Karikatur der Kunst auf Kothurn, des Schwulstes der Klassiker-Bühne, der Sinnwidrigkeiten großen Operntheaters zu sehen. Mißverständnis vielleicht auch, sie einzig aus dem Politischen, der Kritik des Zeitgeschehens begreifen zu wollen. Zu komplex ist die Natur Offenbachs, um sein Werk nach einer Richtung hin festzulegen, sein Schaffen aus nur einem Motiv zu erklären. Kritisiert er seine Zeit, indem er sie klingend abkonterfeit, ihr jeder Entscheidung ausweichendes Wesen «operettenhaft» darstellt (als opéra-bouffe des Zeitgeschehens), so hat er doch auch künstlerischen Nerv genug, alle schwingende Melodie aus allen Zeiten aufzugreifen. Selbstkritik und wacher Verstand befähigen ihn, falscher Sentimentalität auszuweichen, und als Tanzkomponist reißt er — über die eigene Epoche hinweg — das Publikum in den Taumel seiner Galopaden, «als geriete das ganze Jahrhundert mit seinen Regierungen, Institutionen, Sitten und Gesetzen in den Wirbel einer ungeheuren, allumfassenden Sarabande»[31].

Nur aus dieser Vieldeutigkeit, einer Verbindung von überlegener intellektueller Kritik und tänzerischem Lebensgefühl, aus der Gleichzeitigkeit melodienseliger Lyrik,' bacchantischen Taumels und Meisterschaft der knappen musikalischen Formung ist es begreiflich, daß Offenbach Hymniker und Kritiker des Zweiten Kaiserreichs in einem wird. In diesem Sinne muß *Orpheus* als Gipfel Offenbachschen Schaffens gelten. Ihn zu überbieten, mag unmöglich gewesen sein. Aus seiner Gestaltenfülle Gleichwertiges ohne Absinken weiterzuentwikkeln: darin muß man die erfolgreiche Arbeit der Meisterjahre Offenbachs sehen.

Erfolg läßt sich nicht erzwingen, nicht wiederholen. Das wird auch der Schöpfer des *Orpheus* erfahren, als er ein Jahr später eine weitere Parodie-Operette herausbringt. Diesmal ist es nicht die Antike, die persifliert wird, sondern ein mittelalterlich-romantisches Sujet. Daß *Genoveva von Brabant* nach einem mäßigen Achtungserfolg vor einem gewiß beifallsfreudig gestimmten Publikum bald wieder vom Spielplan der Bouffes verschwindet und trotz zweier Neubearbeitungen ein Mißerfolg bleibt, ist dem Libretto zuzuschreiben. Immer wieder hat sich Offenbach Vorwürfe gemacht, daß er zu wenig sich um dieses von Jaime und Tréfeu geschriebene Buch gekümmert hat, daß sich die Verfasser *auf die Pracht der Ausstattung, die Lebhaftigkeit der Musik und die Aufgewecktheit ihrer Interpreten verlassen haben*[32].

Dabei wird seine Musik in Paris und Berlin anerkannt, und das Stück, die erste unmaskierte Parodie des Hoflebens, bringt jene ver-

Offenbach im Kreise seiner Familie

trottelten Hofschranzen, Operetten-Fürsten und Militärs zum erstenmal ins Rampenlicht, die bis in die Zeiten der sogenannten «modernen Wiener Schule» zum unvermeidlichen Komiker-Inventar der leichten Muse gehören.

Das Jahr 1860 beginnt verheißungsvoll und turbulent. Die einmal bereits angestrebte, von den Ämtern abgelehnte, vom Kaiser dann im Geschwindverfahren durchgesetzte Naturalisierung wird Offenbach mit Dekret vom 4. Januar zuerkannt und in seiner neuen Wohnung, Rue Lafitte Nr. 11, gebührend mit Lärm und Champagnerrausch gefeiert.

Einen Monat später hat in den Bouffes Le Carnaval des Revues, eine Zusammenfassung der vorjährigen Erfolge in kurz gefaßten Szenen, ihre Premiere. In diesen heiteren Reigen nimmt Offenbach eine militante Wagner-Parodie auf. Sie konfrontiert den deutschen Zukunftsmusiker, der sich gerade mit Konzerten in Paris erneut ein Publikum zu schaffen sucht, mit den historischen Meistern der Musik, denen er trotz heftigsten Protestes seine «Zukunfts-Symphonie» und «Zukunfts-Tyrolienne» vorspielt. Die Kakophonien, die Offenbach unter diesen Titeln mit Einfügung Wagnerscher Themen, wie etwa des Brautchors aus «Lohengrin», erklingen läßt, erregen Grausen im Musikerhimmel, Hohngelächter beim Publikum, zeigen im Grunde nur, daß Offenbach, der sonst die Objekte seines musikalischen Spottes genau kennt, im Falle Wagner wenig Stilkenntnis besitzt und daß diese leicht hingeworfene musikalische Clownerie weder seinem sonstigen karikaturistischen Können noch dem persiflierten Vorwurf entspricht.[33]

Ende 1860 mag Offenbach – trotz der immer schmerzhafteren Gicht – sich am Ziel seiner Wünsche fühlen. Aus den Orpheus-Einkünften sind nicht nur die Schulden getilgt, mit ihnen hat er sich in Etretat, einem Modebad in der Normandie, ein gartenumgebenes Häuschen, die Villa Orpheus, bauen lassen. Darüber hinaus ist er Bürger des Landes geworden, in dem er lebt, und trägt zum Zeichen der Verehrung, die man ihm im neuen Vaterland entgegenbringt, das Band der Ehrenlegion.

Endlich scheinen auch die Opernhäuser den Widerstand gegen ihn aufzugeben: Am 26. November wird sein Ballett Der Schmetterling in der Großen Oper uraufgeführt[34], und zu Weihnachten öffnen sich ihm endlich auch die Pforten der Komischen Oper. Sein Barkouf wird in dem Hause gespielt, in dem der kleine Cellist seine Pariser Theaterwanderung einst begonnen hat.

Erweist sich der Opernlorbeer als trügerisch, bleibt das Ballett ein schwacher Achtungserfolg, wird Barkouf nach einem Textbuch des alten Scribe von der Presse scharf abgelehnt, so entschädigen Groß-

Nestroy als Jupiter.
Foto Hermann Klee

erfolge der Einakter und der ständig weiterlaufende *Orpheus* im eigenen Haus reichlich dafür.

Trotzdem stehen die Finanzen des Theaters miserabler denn je. Offenbachs unverbesserliche Großzügigkeit in allen Fragen des Theaters läßt die Schuldenlast schließlich auf 200 000 Francs anwachsen. Am 26. Januar 1862 sieht Offenbach sich gezwungen, die Direktion seiner geliebten Bouffes niederzulegen. Die nächsten Einakter werden im Kurtheater in Bad Ems uraufgeführt, in Paris nur nachgespielt. Dann reißt die Verbindung Offenbachs zu «seinem» Theater völlig ab, bis im Jahre 1868 Charles Comte, inzwischen mit Offenbachs Tochter Berthe verheiratet, die Direktion übernimmt und damit auch wieder die Offenbachsche Muse in ihr altes Heim einzieht.

Der Verzicht auf die eigene Direktion bringt für Offenbach auch Vorteile. Als freier Mann kann er sich seiner Familie, seiner Komposition, seinen Reisen widmen. Neben Bad Ems ist vor allem Wien das Ziel vieler Fahrten. In der Donaustadt mit alter Theater-, Opern- und Singspiel-Tradition sind alle Vorbedingungen für einen Erfolg gegeben. Die erste Offenbach-Premiere in der österreichischen Kaiserstadt wird allerdings eine im Grunde unglaubliche Plagiats-Affäre. Um die eigenen Finanzen zu sanieren, läßt Johann Nestroy, damals Direktor des Carl-Theaters, ohne Erwerb der

Rechte nach einem aus Paris beschafften Klavierauszug die *Verlobung bei der Laterne* neu instrumentieren und aufführen.

Der Erfolg gibt ihm recht zu einer Zeit, da Offenbach in Paris mit letzten *Orpheus*-Vorbereitungen beschäftigt ist. Dessen Pariser Sensationserfolg wiederholt sich in Wien, macht nicht nur den Cancan an der Donau populär, er bringt schließlich auch den Komponisten nach Wien, das für zwei Jahrzehnte nun die zweite Offenbach-Stadt wird. Carl Treumann, der aus Hamburg stammende neue Direktor des Carl-Theaters, wird einer der eifrigsten Offenbach-Übersetzer, seine Bühne wetteifert mit dem Theater an der Wien in Offenbach-Premieren und Aufführungsrekorden.

Nicht nur das Publikum scheint in der Donaustadt einem wahren Offenbach-Taumel zu verfallen, auch die Kritiker – allen voran der Wagner-Feind Eduard Hanslick mit seiner oft schmeichelhaften Beurteilung der Offenbachschen Produktion – tun das Ihre, daß in Wien sich auch Offenbachs Operntraum zu erfüllen scheint. Die Wiener Hofoper bestellt – fast zur gleichen Zeit, da sie Wagners «Tristan» erneut ablehnt – bei Offenbach eine deutsche romantische Oper. Ein phantastisches Unternehmen, diese *Rheinnixen*, dessen französisches Buch Offenbachs Freund Nuitter [35] in Paris schreibt. Der Text wird von dem damals in Breslau wohnenden Freiherrn Alfred von Wolzogen [36] nach den schon mit Kompositionsskizzen versehenen Sendungen Offenbachs ins Deutsche übersetzt.

In diese Nixen- und Elfen-Oper mit Burggrafen, Schloßfräulein, Ruinen- und Mondschein-Romantik werden die patriotischen Gesänge von 1848 und ein Walzer aus dem *Papillon*-Ballett eingewebt; sie enthält neben vielem Schwachen und offenbar zu Recht Vergessenen ein Rheinnixen-Lied, das später als venezianisches Gondellied in *Hoffmanns Erzählungen* (die berühmte *Barcarole*) Unsterblichkeit erlangt.

Am 8. Februar 1864 findet die Uraufführung in der Wiener Hofoper im Beisein des kaiserlichen Hofes statt. Schon vorher hat der Kaiser Offenbach in Audienz empfangen. Doch auch diese offiziellen Huldbeweise ändern nichts daran, daß nach nur acht Aufführungen die Oper vom Spielplan verschwindet, was Offenbachs Popularität in Wien allerdings keinen Abbruch tut. Die Bühnen reißen sich weiterhin um Offenbachs Werke. Seine Tänze nehmen es an Beliebtheit mit der einheimischen Produktion auf. Und als der Wiener Journalistenverein «Concordia» gelegentlich eines Faschingsballs an Offenbach wegen Überlassung eines Walzers herantritt, kommt es zu dem berühmten friedlichen «Walzerduell» mit Johann Strauß. Offenbach gibt seiner Schöpfung den Namen *Abendblätter*, woraufhin Strauß seine «Morgenblätter» komponiert, sich überdies um die Publikationsrechte der Offenbachschen Gelegenheitskomposition für einen von ihm geplanten Musikverlag bemüht. Im Gasthof Zum Goldenen Lamm soll die erste persönliche Begegnung zwischen Offenbach und Strauß stattgefunden haben, bei der Offenbach die folgenschweren Worte spricht: *Aber bitte, lieber Jean, Sie sollten Operetten schreiben... Ich bin sicher... wirklich... Sie haben das Zeug dazu!*

Keine Frage, auch in Berlin ist Offenbach seit dem Erfolg des *Orpheus*, der von Brüssel bis Graz, von London bis Warschau, ja binnen kurzem auch in New York gespielt wird, ein gefeierter Mann. Aber Klima, Theatermilieu, Begeisterungsfähigkeit des Publikums und Annehmlichkeit der äußeren Lebenshaltung bringen es mit sich, daß Offenbach mehr nach Wien als nach Berlin tendiert. Das hindert nicht, daß er an der Spree seinen deutschen Verleger in der Firma Bote & Bock findet, daß er den Wienern einige Jahre später «ihren» Offenbach-Star Marie Geistinger in Berlin entdeckt und mitbringt.

Sind es in Wien und Berlin neben *Orpheus* die Einakter aus dem Repertoire der Bouffes, die in deutscher Übertragung ihr Publikum finden, so darf das kleine, erst kürzlich neugeschaffene Emser Kurtheater in den sechziger Jahren zeitweilig den Ruhm einer Offenbach-Uraufführungsbühne beanspruchen. Hier, wo Offenbach Heilung oder doch Linderung der immer unerbittlicheren Gicht- und Rheumaschmerzen sucht, wird mehr als eine seiner Musiquettes das Licht der Bühnenwelt erblicken, so etwa *Les Bavards* (*Die Schwätzerin von Saragossa*), die kleine Elsässer Konversation *Lieschen und Fritzchen* und vor allem die einaktige opera buffa *Il Signor Fagotto*, die wieder ein echtes Offenbachsches Doppelgesicht zeigt: Parodie, die Vorlagen von Berlioz benutzt, aber immer ungebundener, nicht mehr an einzelne bestimmte Objekte fixiert, zur allgemeinen, von allen Publikumsschichten verstandenen Zeitkarikatur wird – dazu eine Melodien- und Musizierseligkeit, die es mit den besten Vorbildern heiterer und leichter Opernkunst aufnehmen kann.

Inzwischen hat Offenbach auch Librettisten gefunden, mit denen er eine ganze Reihe von Werken gesellschaftskritischer, zeitkarikaturistischer Art schaffen, in denen er auch zugleich sein Bestes als Musiker, als Erfinder, als Verwerter alles dessen, was sein künstlerischer Lebensweg ihm zugetragen hat, geben kann. Das Librettistenpaar, das in Zusammenarbeit mit Offenbach diese Wunderwerke an Publikumsgunst und Weltgeltung vollbringt, ist «Meilhac und Halévy», wie die Compagnie vieler Jahre nun signiert.

Ludovic Halévy hat seine Absage an den *Orpheus* inzwischen mehr als einmal bereut. Nicht nur der Verlust an Aufführungsrechten kann ihm nicht gleichgültig sein, auch der entgangene Ruhm, sichtbar an dem ersten Offenbach-Welterfolg mitgearbeitet zu ha-

Henri Meilhac und Ludovic Halévy. Karikatur von Meilhac

ben, wird ihn in Zukunft vorsichtiger mit Verweigerungen umgehen lassen. Er hat einsehen müssen, daß seine Befürchtung, der Sittenspiegel, den die Offenbach-Produktion zweifellos bietet, könne ihm als hohem kaiserlichem Beamten Schaden bringen, der Grundlage entbehrt. Das Zweite Kaiserreich, dessen Gesellschaft selbst mehr und mehr vom Schein lebt, in Börsengeschäft und Spekulation ihre vornehmste, ihre einzige seriöse Beschäftigung sieht, stimmt groteskerweise bis hinauf in die Gefilde der neuen Hofhaltung in den Jubel über ihr eigenes Zerrbild ein. Allerdings nur, wenn die Zeitkritik in musikalisch so herrlich verbrämter und pikant aufgemachter Festlichkeit geboten wird, wie es bei Offenbach geschieht. Es ist ein Zeichen der Sicherheit oder Scheinsicherheit eines diktatorialen Regimes, daß es auf der Bühne Zeitsatire in Operetten-Form nicht nur erlaubt, sondern ihr zujubelt, in ihr gleichzeitig einen Hymnus auf seine Existenzform zu erkennen glaubt.

«Niemals vielleicht befand sich Frankreich in einer beunruhigenderen Lage... überall Unsicherheit... eine dumpfe Bewegung geht durch das Land... wir leben unter einem Regime von politischen Schwindlern und Pfuschern... traurig... alles ist in Grund und Boden verderbt», lauten die Worte eines letztlich kaiserfreundlichen Schriftstellers aus seinem später berühmt gewordenen Tagebuch.[37] In diesen Jahren, als die Presse zum unpolitischen Neuigkeitsmagazin, zum Organ der Sensation und Mode, des Klatsches, der Hofchronik, des Fortsetzungsromans und vor allem der Börsennotierungen wird, als das tägliche Leben einen immer unverhüllteren zynischen Tanz ums Goldene Kalb darstellt, als Spekulation, Schwindelgründungen, gewagte Aktien- und Obligationsgeschäfte das Glücksspiel in den Casinos überrunden – gerade in diesen Jahren vor Napoleons Sturz gelingt es Offenbach und seinen Librettisten mit einem halben Dutzend Meisterwerken Ruhm, Geld, Geschichte zu machen.

1864 ist *Die schöne Helena* das erste im Reigen dieser «Offenbachiaden», die als Hymnus und Satire zugleich für das Paris des Zweiten Kaiserreichs bis weit ins 20. Jahrhundert hinein Zeugnis geben werden. Wieder ist es die Antike, aus der Ludovic Halévy die Figuren, die Handlung, die Texte holt. Henri Meilhac, sein alter Studienfreund, Buchhändler, Witzblattzeichner, Gelegenheitsschriftsteller, vor allem aber Boulevardier, Caféblüte, faul, aber in seinen Bonmots von vehementer satirischer Kraft, Schläfer und Bummler, hundertmal deswegen von Offenbach beschimpft, ist doch die richtige Ergänzung für Halévy, wenn es gilt, ein Buch nach dem andern für Jacques zu schreiben, an dem dieser, vom ersten Entwurf bis zur letzten Ausfeilung, wie ein dritter Textautor mitarbeitet. *Da die Engländer in Kriegszeiten immer Korrespondenten schicken, kannst Du vielleicht dieses Mittel für unsere «Prise de Troïe»* (dies der ursprünglich von Halévy vorgeschlagene Titel) *benutzen. Homer als Kriegsberichterstatter würde sehr gut als Nebenperson in den Rahmen passen.* So Offenbach in einem Schreiben an Halévy, Frühjahr 1864; dann, etwas später: *...der erste Akt beinahe fertig, und er ist außerordentlich gut gelungen. Du mußt mir im Finale noch ein Chanson für Paris machen. Agamemnon sagt doch, drei Dinge sollten es bei dem Wettstreit sein... die vierte Sache aber ein Chanson. Nun versuchen zwei oder drei Personen zu singen (für jeden drei oder vier Verse)... Dann erscheint Paris und singt seine Melodie. Man könnte den Tannhäuser ein wenig parodieren – das müßte drollig sein, und an so etwas fehlt es noch im Finale.* Und schließlich Ende August: *Der erste Akt beendet. Er ist herrlich geraten. Das Finale von wunderbarem Effekt. Du wirst staunen, wie ich alles ausgenutzt habe... aber bringe mir viel mit... ich beeile mich mit der Arbeit an diesem Werk. Wenn ich mich nicht sehr täusche, können wir einen Erfolg erwarten, der demjenigen des Orpheus gleicht. Lache nicht, ich meine es im Ernst... aber schnell... schnell!!!*

Beides – das Auftreten Homers und die Parodie auf Wagners

Sängerkrieg in «Tannhäuser» – bleibt Entwurf, wird nicht ausgeführt. Offenbach, von Gichtschmerzen geplagt, gegen seine Kurzsichtigkeit mit immer stärkerem Augenglas kämpfend (der Zwicker, ohne den wie ohne Backenbart sein Bild uns unvorstellbar scheint), arbeitet in einem Rausch. Aber als die Proben beginnen sollen, wird der Kampf gegen Zeit und Widrigkeiten so ungeheuerlich, daß jeder Außenstehende die Premiere für gefährdet hält. Schwierigkeiten mit der Zensur, die neben vielem anderen den Oberpriester Kalchas, die komische Schlüsselfigur des Ganzen, beanstandet, weil sie geeignet sei, Gefühle des Klerus zu verletzen, werden durch de Mornys Eingreifen beseitigt.

Ein Problem für sich stellt die Besetzung vor allem der Titelrolle dar. Früher als alle anderen ist Offenbach sich klar, daß es nur eine Besetzung für die antike Schönheitskönigin gibt: Hortense Schneider. Wo ist sie geblieben, seit sie sich von Offenbach und seiner

Bühne getrennt hat? Das Leben der Schauspielerinnen dieser Zeit schwankt mehr als in anderen Epochen zwischen großer Elite und ausschweifender Halbwelt hin und her. Ist der sympathische Midinetten-Typ der «Grisetten» unter dem Zweiten Kaiserreich zum Aussterben verurteilt, weil alles seinen Kurs- und Geldwert hat, also auch die Liebe, so scheinen die großen Künstlerinnen des Theaters die bevorzugten Kurtisanen der adligen und großbürgerlichen Lebewelt zu sein.

Was sich allnächtlich im Café Anglais abspielt, auf Rennplätzen mit Modenschau und Wettgewinn sich ereignet, das verzeichnet die Chronique scandaleuse in ungezählten Memoirenbänden, das wird Offenbach mit seinen Librettisten noch in einer dem Pariser Leben gewidmeten Bilderfolge wie kein anderer schildern. Seine Entdeckung Hortense Schneider hat schnell den Aufstieg der skandalumwitterten Aristokraten-Mätresse genommen. Zu klug, um in Niederungen einer billigen Halbwelt-Existenz abzusinken, ist sie aus den Hotelzimmern der sie fördernden Bühnenpartner sehr bald in die Prachtwohnungen der Adels-Freundinnen hinübergewechselt. Daneben hat sie ihr Schauspielerehrgeiz an eine Reihe Pariser Bühnen geführt. Im Palais-Royal ist sie mehrmals zu immer höherer Gage ein- und wieder ausgestiegen, hat versucht, Offenbach ihre Starforderungen aufzuzwingen.

Als Geliebte des Millionen besitzenden, verspielenden, verschwendenden Herzogs von Grammont-Caderousse, der jede Extravaganz seines Lebens und Liebens mit unheilbarer Schwindsucht zu erklären pflegt, hat sie die Höhen und Tiefen des Kurtisanendaseins schon durchmessen. Von Caderousse stammt ihr Kind, ein minderbegab-

Grenier als Kalchas. Karikatur von Durandeau

ter Sohn. Kein Zweifel, daß für ihr Verhältnis zu Grammont nicht Geld, nicht Amüsement, sondern erstaunlicherweise Liebe ausschlaggebend ist.

Im Jahre 1864 ist Caderousse auf einer Ägypten-Reise. Endlich hat man ihn überreden können, seiner Gesundheit zuliebe die große Fahrt zu unternehmen. Die alleingebliebene Hortense hat sich – zum wievielten Male – mit Mr. Plunkett, dem Direktor des Théâtre Royal, überworfen. Zu ihm ist sie damals gegangen, als Offenbach ihre Gage nicht nach Wunsch erhöhte, doch Plunkett verweigert jetzt die von Hortense geforderten Phantasiebeträge. Da sich niemand um sie bemüht, faßt sie den Entschluß, mit Paris und Theater Schluß zu machen. Der Schmuck, Erinnerung und Überbleibsel aus unzähligen amourösen Abenteuern, ist schon veräußert, die Wohnungseinrichtung zum Teil verkauft, als Offenbach sie mit Halévy in ihrer schon halb verlassenen Behausung aufsucht.

Mit List gelingt es, der reisefertigen Diva einiges aus dem neuen Stück vorzuspielen, sie für die Titelpartie der *Schönen Helena* (wie das Stück endgültig heißen wird) zu interessieren. Aber noch ist die Schneider nicht gewonnen. Als sie hört, daß über die Uraufführung tatsächlich noch mit dem Palais-Royal verhandelt wird, ist ihr Entschluß endgültig. Sie verläßt Paris, fährt zu Kind und Mutter nach dem Süden.

Offenbach weiß, daß es eine andere Besetzung als Hortense nicht gibt. Da zusätzlich auch noch die Verhandlungen mit Plunkett scheitern und man sich nach neuen Theatern umsieht, bringt ein Telegramm, das Hortense diesen Tatbestand mitteilt, die Wendung. Allerdings fordert die Diva 2000 Francs monatlich, eine bisher nie gezahlte Summe. Trotzdem: Direktor Cogniard vom Théâtre des Variétés sagt telegrafisch zu, die Proben können beginnen.

Dies besagt freilich noch nicht, daß die Premiere gesichert ist. Denn neben der Schneider steht eine andere ungewöhnliche Kraft auf der Bühne, die Silly. Diese extravagante Darstellerin, Schauspielerin nicht nur auf der Bühne, sondern auch auf dem Boulevard, wo sie sich nur in Hosen, als Dandy gekleidet, Zigarren rauchend sehen läßt, um bei keiner Party im Café Anglais zu fehlen und auch als Trinkerin, Sängerin, Liebeskünstlerin von sich reden zu machen, kommt gerade von einer mißglückten Amerika-Tournee zurück und ist für die Rolle des zweideutigen Jünglings Orest engagiert.

Sie tut, was in ihren Kräften steht, neben der Schneider zur Geltung zu kommen. Aber die Diva wacht eifersüchtig über jede Geste. Wo die andere einen Lacher, einen Sonderapplaus haben könnte, wird Hortense es verhindern. Sie droht, sie hetzt, sie verläßt die Probe. Silly hat sie, die göttliche Helena, imitiert, ohne daß das Buch es vorschreibt; Silly hat Cancan getanzt, während sie eines ihrer Chansons vorträgt; Silly hat als Orest ein Extempore gemacht, das, wenn es überhaupt gestattet wird, lediglich ihr, der Hauptfigur des Stückes zukommt! Mehr als einmal verläßt die Schneider während der Probe das Theater.

Aber Offenbach, der das Wort «unmöglich» nicht kennt, der jede Bewegung auf der Bühne, jeden Tanzschritt, jedes Defilee angibt, korrigiert, umwirft und neu stellt, bringt alles wieder ins Lot. Am Dirigentenpult, am Regietisch ist er spiritus rector des Ganzen. Die Darsteller kann er zum Wahnsinn bringen mit seinen Strichen, dem Umschreiben ganzer Partien, aber wenn er die Gichtschmerzen vergißt, mit dem Spazierstock dirigiert, vorspielt, mit krächzender Stimme Einsätze korrigiert, kleinste Pointen hervorholt, eine Passage auf

Das Théâtre des Variétés

dem Probenklavier anschlägt, um gleich darauf die Tänzerinnen zu einer neuen Quadrille anzuführen, dann fügt sich jeder im ganzen Haus den Anordnungen dieses Mannes, der nicht nur ein begnadeter musikalischer Erfinder, sondern ein Theaterkönner seltenster Art ist.

Es naht die letzte Probe. Man schreibt Samstag, den 14. Dezember 1864. Drei Tage später soll die Premiere stattfinden... Schon bei diesem letzten Manöverritt erhält manches Beifall, als sei Publikum und Kritik im Saal. Nur einer ist verzweifelt; der beste, der gutmütigste, der fleißigste aller Offenbach-Darsteller: José Dupuis, der erste Paris der *Schönen Helena*. Sein Auftrittslied über die Schönheitskonkurrenz der drei klassischen Göttinnen scheint die einzige Niete des Stücks zu sein. Im Morgengrauen des folgenden Tages steht Paris-Dupuis vor der Wohnungstür Offenbachs, wo seine Verzweiflung in helle Begeisterung umschlägt. Der Komponist empfängt ihn mit drei Neufassungen seines Entrees. Dupuis wählt die Version, die auch Offenbach für die beste hält. Nun kann, am 17. Dezember, die Premiere vor einem mit Zelebritäten überfüllten Zuschauerraum in Szene gehen.

Eine Abhandlung, mehrere Bände stark, könnte man schreiben über den Gestaltwandel der Helena, von der griechischen Sagenfigur bis zum Faust-Volksbuch und -Puppenspiel des Mittelalters, von Homer über die klassische Oper Glucks bis zu Hofmannsthals trojanisch-ägyptischer Sagenverbindung, von Euripides' Drama bis zu Goethes klassischem Symbol, von Busonis andeutender Faust-Vision bis zum amerikanischen Beitrag, John Erskines mondän-novellistischem «Privatleben der schönen Helena». Liegt Offenbachs burleske Oper auf dem Schnittpunkt der hier angedeuteten Linien, so ist die *Belle Hélène* bis heute auch sein (neben *Orpheus* und *Hoffmanns Erzählungen*) erfolgreichstes Werk geblieben. Es hält die Mitte zwischen literarisch-ästhetischer Parodie, politischer Satire und in sich selbst ruhender heiterer musikalischer Dramatik. Vielleicht läßt sich an ihm das Wesen der Offenbachiade am leichtesten, am mühelosesten ablesen und entwickeln.

Schon die Handlungsführung, die einfache Geradheit, mit der das von Offenbach kräftig beeinflußte und in seine endgültige Form gebrachte Buch die Sage in komisch pointierter Abwandlung wiedergibt, ist bewundernswert. Da ist der erste Akt mit dem in Sparta gerade zur Zeit des Adonis-Festes eintreffenden Paris, dem das Herz der weltbekannten Schönheit, Königin Helena, zufliegt. Aber dieser «antike Boulevardier» mit Bildung und Intelligenz, wie keiner der zur Geistes-Olympiade nach Sparta gekommenen Fürsten sie aufzuweisen hat, legitimiert sich zunächst als Sieger in allen Wettkämpfen, bevor er – durch Bestechung des Oberpriesters Kalchas – den vertrottelten Gatten der weltbekannten Schönheit, König Menelaus, auf gottgewollte Reise nach Kreta schickt.

Vom heiter strahlenden Tempelplatz führt der zweite Aufzug ins Dämmerlicht der Helena-Gemächer. Abermals mit Hilfe des im Glücksspiel wie in Liebesintrigen gleich erfahrenen Auguren gelingt es Paris, die letzten Skrupel, die die als Ehefrau enttäuschte, amüsierlüsterne Königin noch vom sorglosen Lebensgenuß zurückhalten, zu überwinden. Allzu gerne glaubt Helena den Priesterworten, die Paris' Erscheinen ihr als Traumgebilde deuten. Doch durch Menelaus' vorzeitige Rückkehr wird der Liebestraum gestört. Geschickt, nicht ohne Würde räumt Paris das Feld, um im dritten Akt, am sonnigen Ferienstrand von Nauplia, sich als Venus-Priester ver-

kleidet erneut der schönsten Frau zu nähern. Dieses Mal fordert er – in der Göttin eigenem Auftrag – der Königin Sühnefahrt zur Venus-Insel Cythere. Erst als Helena die Galeere bestiegen hat, gibt Paris sich zu erkennen. Was bleibt den bemitleidenswerten Griechen anderes übrig, als sich Hals über Kopf in den Trojanischen Krieg zu stürzen?!

Ist die Kriegsahnung dieses überstürzten Stückschlusses nicht auch in den Worten Agamemnons ausgesprochen, mit denen er das sittenlose Bacchanal schildert, dem Griechenland verfallen ist:

> Tu comprends
> Qu'ca n'peut durer plus longtemps,

in dem Halbwelt-Couplet des monokeltragenden, von der Silly hinreißend gespielten Jünglings Orest, der dreist verkündet, daß Griechenland für seine Lebemannsschulden geradestehen wird? Sechs

«Die schöne Helena» im Théâtre des Variétés, 17. Dezember 1864

Jahre vor der Kriegskatastrophe, die das Zweite Kaiserreich in ihren Trümmern begraben wird, spricht Offenbach mit seinen Librettisten und Darstellern die Ahnung des «Verhängnisses» aus, als das auch die schöne Griechenkönigin immer wieder ihr Schicksal, ihre Erlebnisse deutet. Das Vergnügen, in *Orpheus* noch ein bacchantischer Rausch – hier ist es notwendig, sich selbst zu betäuben, über jede drohende Zukunftssorge hinwegzuführen:

Je suis gai, soyez gais, je le veux!

Klarer, unbarmherziger – bei aller heiteren, erregenden Zweideutigkeit – ist einem System die Untergangsprognose wohl nie gestellt worden als in dieser Meisteroperette mit ihrer berauschenden, zauberhaften Musik.

«Ein Ganzes, in dem alle Worte, alle Töne zusammengehören, eine Handlung, worin die Stimmung eines verwegenen Materialismus, einer schamlosen und kindlich unbefangenen Genußsucht, einer gemütsruhig unschuldigen Verworfenheit schwingt, eine Oper, deren Verworfenheit zugleich verherrlicht und verspottet, zugleich unterstreicht und künstlerisch verklärt. Die Seele der materialistischen Oberschicht des damaligen Frankreich wird durch die *Belle Hélène* karikiert und in lyrischem Rauschzustand gemalt.» So sieht sie ein moderner Literarhistoriker [38] gewiß zu Recht.

Und doch ist Offenbachs Natur zu komplex, als daß er jemals ausschließlich ein Kritiker und nicht auch ein Schilderer, ja ein Verherrlicher wäre; zu verliebt ist er in diese Welt der fünfziger und sechziger Jahre. Wäre es anders, hätte mit dem Verschwinden der persiflierten Vorbilder auch die Wirkung seiner Werke enden müssen. Das Gegenteil ist der Fall. Entschiedener als zu seiner Zeit behauptet sich heute seine Kunst. Immer wieder greift das beste

Links: Hortense Schneider als Helena. Rechts: Kaiserin Eugénie

Theater jeder neuen Generation auf seine Werke, seine Musik zurück.

Der Venus-Gesang der Helena, das große Liebesduett, der Meyerbeer apostrophierende Marsch der Könige (echt offenbachisch die syllabischen Scherze wie «Menelaus, laus der gute...» usw.!), das «Tsing la la» Orests, die Walzer, die Finale – das alles bleibt unvergängliche Musik, ganz abgesehen von ihren ahnungsschweren Worten, ihrer sozialkritischen Kraft. Hier hat ein Künstler (darin dem großen Daumier nicht unähnlich) Vorbild und Persiflage gemeinsam abkonterfeit, Rausch und Dekadenz, Tanzbegeisterung und Selbstbetäubung in einem zeigen können. Und schließlich hat er der großen, musikalischen Mode seiner Zeit den Zerrspiegel vorgehalten, wie nur einer es kann, der das Vorbild bis in die feinsten Geheimnisse kennt.

«Die prunkvolle, nichtssagende Aufgeblasenheit der großen Ensembles, der Koloraturen und Kadenzen, die Textmißhandlung in endlosen Wiederholungen und Weiterführungen unwesentlicher Phrasen, kurz, all die Unsitten, die aus einer ursprünglich ernsten und strengen Kunst durch geschmacklose Übertreibungen ein aufgedonnertes Zirkus- und Spektakelstück gemacht hatten, wurden in tendenziöser Vergrößerung an den Pranger gestellt. Daß gleichzeitig damit auch der Spuk des Ausstattungswesens gegeißelt und das für die Große Oper mit Vorliebe benutzte antike Stoffgebiet verhöhnt wurde, verlieh der *Helena* besonderen Reiz und brachte sie in einen anmutigen Kontrast zu den Gluckschen Repertoirewerken und den gerade damals im Théâtre Lyrique aufgeführten ‹Trojanern› von Berlioz.»[39]

Die Premiere rauscht vorüber, ein grandioses gesellschaftliches Ereignis, mit der gleichen, seit *Orpheus* immer wieder zu beobachtenden Unschlüssigkeit des großen Publikums vor der Tendenz und dem Eigenwert des Werkes. Diesmal sind es nicht sensationelle Kritiken, die den Erfolg ankurbeln, viel eher wirkt Offenbachs Musik wie ein Magnet. Fast vorsichtig äußert sich Janin, greift wieder die Parodie der Antike an, ohne die aktuellen Textstellen auch nur zu erwähnen; einmal durch die Zensur gegangen, ist das Stück ja sakrosankt, und bis zum Hofe hinauf scheint man eher entzückt als verletzt. Aber die *Helena*-Musik erklingt schon in allen Ball-Lokalen, in den großen Café-Concerts. Ganz Paris tanzt bereits nach ihr. Und so kommt man, sie zu hören, sie mitzusingen, die Reize der Aufführung zu bewundern, Hortense Schneider zu huldigen. Sie vor allem führt neben Offenbach und seinen Helfern den Erfolg, den Welterfolg der *Helena* herbei, die noch im Uraufführungsjahr den Weg nach Wien und Berlin findet.

Schwer zu schildern, welche Kraft der Verführung und Verzauberung von dieser Operettendiva ausgeht. Der achtzigjährige Auber gerät beim Hören ihrer Stimme in Verzückung, die bekanntesten Lebemänner von Paris kommen allabendlich ins Theater, nur um ihr «Dis-moi, Vénus» zu hören. Eine Bewegung ihrer Schultern, ihrer Hüften elektrisiert die ausverkauften Häuser. Offenbach hält sich zeit der Zusammenarbeit in respektvoller Entfernung, er äußert im Gespräch, wäre er nicht ihr Direktor, müßte er ihr leidenschaftlichster Verehrer sein. Meilhac, der Schläfer, wegen seiner langsamen Arbeitsweise unzählige Male von Offenbach angegriffen, wacht plötzlich auf, wenn es die außerordentliche Frau und Künstlerin zu bewundern gilt: Ihr Lächeln und die Stimme seien die Waffen, mit denen sie siegt. Das Lächeln, das selbst, wenn es «Ja» meint, täuschen könne, und selbst, wenn es wie «Nein» klingt, immer noch hoffen lasse.

Jeder Pariser kennt sie, weiß von ihren Affären, dem verzehrenden Abenteuer mit Grammont-Caderousse, der sie betrügt und erniedrigt wie ein Straßenmädchen und doch nur eine Frau liebt: «La Snédèr», wie ganz Paris sie nennt, das in ihrer Helena-Darstellung nicht zu Unrecht jene andere Schönheit in den Tuilerien, Kaiserin Eugénie, wiederzuerkennen glaubt. Ein neuer Frauentyp ist mit der Helena der Schneider geschaffen: die mondäne Pariserin, von der die Männerwelt zweier Kontinente träumt, der weit über die Offenbach-Ära hinaus Schwarm aller Boulevardpilger bleiben wird.

«Dis-moi, Vénus». Anrufung der Venus aus der «Schönen Helena»

Meine Vergangenheit, meine Gegenwart, meine Zukunft? . . . Was
ich getan habe, läßt sich in wenige Worte fassen: Ich habe die «Schöne
Helena» in Paris einquartiert und bin von Paris fortgefahren, um ihr
in Wien und Berlin Quartier zu bereiten . . . In Wien hat die erste Vor-
stellung am 17. März stattgefunden . . . Am 9. April war ich wieder
in Paris. Eine rheumatische Krankheit – es war die Gicht – erwar-
tete mich am Bahnhof und bemächtigte sich meiner Beine . . . was
mich aber nicht gehindert hat, mein Zerwürfnis mit den Bouffes auf
gütlichem Wege zu beenden . . . Ich übernehme wieder die künstle-
rische Leitung des Theaters, das ich gegründet habe . . . Ich bin dann
nach Berlin gereist, wo ich die erste Aufführung der «Schönen He-
lena» dirigiert habe . . . der Erfolg war mindestens ebenso groß wie
in Wien . . . Soviel über die Vergangenheit! Die Gegenwart besteht
in der Vorbereitung der Zukunft: Erstens verfasse ich ein zweiak-
tiges Stück für Ems, der «Lazzaroni», Mitarbeiter: Nuitter und Tré-
feu. Zweitens drei Akte für die Bouffes «Die Schäfer», Text von
Crémieux und Gille. Drittens «Blaubart», das große Winterstück
für die Variétés mit Ludovic Halévy und Meilhac.[40]

Von den in diesen aus dem Februar 1865 stammenden Briefzeilen
erwähnten Stücken hat sich der im Lazzaroni-Milieu spielende *Cosco-*
letto trotz parodistischer und eleganter Nummern im italienischen
Stil kaum länger als eine Spielzeit halten können. Über *Les Bergers*,
das Tryptichon komischer Einakter, die durch Gott Amor als Prolog-
und Epilogfigur zusammengehalten werden, berichtet Offenbach in einem für den «Figaro» verfaßten Hinweis: *Das Libretto ist eine Reihe*
von Pastorales, die zu einem hübschen Stück zusammengeschlossen
sind . . . Im ersten Akt befinden wir uns mitten in der Antike, und um
der Mythologie zu zeigen, daß ich nicht voreingenommen gegen sie
bin, habe ich sie als opera seria behandelt . . . Im zweiten Akt, der sich
ganz in der Region Watteaus bewegt, habe ich alle erdenklichen
Anstrengungen gemacht, mich unserer Meister des 18. Jahrhunderts
zu erinnern . . . mich so weit wie möglich dem Stil Louis' XV. anzu-
nähern, dessen Nachahmung mir so viel Freude macht. Im dritten
Akt habe ich Musik im Stile Courbets schreiben wollen . . . Zusam-
menfassend versichere ich, daß ich niemals eine Partitur mit mehr
Liebe geschrieben habe . . . drei Epochen, drei Stile in der gleichen Oper
vereinigt . . .[41]

Aber trotz der Kunst der Stil-Anpassung und -Nachahmung, die
Offenbach hier zu einem Höhepunkt führt, ist das große Publikum
mit diesen drei Einaktern, in denen die wechselnden Rollen schon
wie in *Hoffmanns Erzählungen* von den gleichen Darstellern inter-
pretiert werden, nicht zu gewinnen. Erst das dritte der angekündig-
ten Werke, *Blaubart*, wird wieder ein Erfolg – wenngleich ein von der

Kritik, selbst von einem Offenbach-Freund und -Kenner wie Hanslick, oft und heftig befehdeter.

Auch an diesem Werk, das für Gegenwart und Zukunft noch reichlich Probleme bietet, läßt sich wieder der Stand der politischen Entwicklung im Jahre seiner Erstaufführung ablesen. Das kaiserliche Regime ist leutseliger, «demokratischer» geworden. Selbst die Arbeiterschaft, lange Zeit der vernachlässigtste, zurückgesetzteste Stand, hat durch die Industrieentwicklung aufgeholt. Ganz kann man sie nicht mehr im politischen Geschehen ignorieren. Und so ist es denn in den besseren Ständen nicht nur erlaubt, sondern über Nacht die große Mode geworden, wieder von «Volk», «Parlament» und «Demokratie» zu reden.

Wie ein Seismograph reagiert das Trio Offenbach–Meilhac–Halévy auf diesen Stand der Dinge. Es versieht Ritter Blaubart mit philosophischem Humor (Vorklang zu Anatole Frances geistreicher «Blaubart»-Novelle!), es läßt Mord und Grauen in ausgelassenste Heiterkeit umschlagen (wie das Publikum des Zweiten Kaiserreichs sie immer wieder wünscht) und führt auch auf der Bühne eine leutselige Verbindung des Adels mit dem niederen Volk als wichtigstes Handlungselement vor.

Der von der Legende als grausamer Mörder seiner Frauen verschriene Blaubart («erst als Witwer richtig froh») zeigt sich plötzlich als Prophet und Heros einer neuen Zeit:

> Ich, hochgeborner Sproß uralter Stammbaum-Äste,
> Der Clou der Hautevolée, Chevalier de Barbe-Bleu!
> Will die Vereinigung der Hütten und Paläste!
> Darum ist es wohl das Beste,
> Wenn ich dieses Hirtenmädchen nehm zur Eh'! [42]

Dieses Hirtenmädchen, die Stallmagd, die das Herz auf dem rechten Fleck hat, durch die Schar der Hofschranzen des Königs Bobèche («Höfling muß mit krummen Rücken») sich nicht irremachen läßt, die dann – halb tragisch, halb in Opern- und Selbst-Persiflage (die unnachahmlichste, mißverstandenste und unvergleichlichste Szene des Stücks) – um ihr Leben fleht und den gefährlichen Blaubart so zähmt, daß ihm alle Lust an weiteren Eroberungen vergeht, diese Boulotte spielt keine andere als Hortense Schneider. Eine ganz neue Aufgabe für den Liebling der Pariser, in der sich Derbheit und Pikanterie, Groteske und echter Gefühlston (wie immer bei Offenbach) seltsam mischen. Ihr neuer grandioser Erfolg ist ein Zeichen dafür, daß Hortense nicht nur «Diva», sondern eine schauspielerische Urbegabung ist. Alle anderen Darsteller muß Offenbach erst von der

«Blaubart». Hortense Schneider und Dupuis

möglichen Wirkung dieser zwischen Opernparodie und Gefühlsüberschwang, Gruselballade und lachender Galopade hin und her pendelnden opéra-bouffe überzeugen, selbst Dupuis, der ein vollwertiger Blaubart wird und den die zeitgenössische Karikatur zusammen mit der Schneider in dieser Rolle festgehalten hat.

Ein großer, ein echter, und dabei ein problematischer Erfolg, diese Offenbachiade vom Ritter Blaubart und seinen Frauen – das immer wieder umstrittene Stück in der Reihe der Meisterwerke von Offenbach–Meilhac–Halévy.

«Und ist es nicht eigentlich doch eine hübsche Idee, die Blaubart-Sage so zu persiflieren, daß man plötzlich entdeckt, Blaubarts Frauen seien gar nicht gestorben, sondern lebten ruhig weiter in einer seligen Liebesgemeinschaft mit ihrem bestallten Mörder. Und wie nett, daß Blaubart selbst zwischen der sechsten und siebten Frau stekkenbleibt, weil er die siebte nicht kriegt, und weil die sechste, ein Mädchen aus dem Volk, ihn so fängt, daß alles ein glückliches Ende nehmen kann... Es ist eine so drollige Mischung von Lyrik und Ironie, wie sie in keiner anderen Operette getroffen wird. *Orpheus* ist parodistischer, die *Helena* historischer, aber *Blaubart* ist so reizend aus beiden Elementen zusammengerührt, daß das Stück rein an sich durch die bloße Qualität der Weltanschauung lebensfähig bleibt... Und wie blüht auf diesem Grunde die Musik. Wie lacht die Tragödie, und wie ernst nimmt sich die Komödie... Diese feine Erfindung in den kurz gestoßenen Rhythmen, in den sangvollen Melodien, ein Ideenreichtum... der grandiose Auftritt Blaubarts, das Schäferduett, die volkstümliche Blaubart-Legende, das teuflische Lied vom Bücken, der urpariserische Chor der Blaubartfrauen... Eine leichte Hand, vom Geist geführt wie vom Gefühl, fliegt durch alle Bezirke, vom Seelengewitter bis zum Cancan der Beine... Es ist nicht Oper, es ist nicht Spaß, es ist auch nur zeitweise Parodie, es ist etwas viel Höheres: das wunderbar schillernde Reich voll von Lebenswahrheit auf der Grenze der großen Schicksale und des allüberwindenden Humors.»[43]

Diese Worte des großen Kunstkenners Oscar Bie, geschrieben 1929, sechs Jahrzehnte nach der Pariser *Blaubart*-Premiere, umreißen Wesen und Wert dieses Buches und dieser Partitur, sie skizzieren die Bedeutung eines Werkes, das nicht einzuordnen ist, und wiederum 35 Jahre später neu verstanden und neu dargestellt werden wird.[44]

Der «demokratische» Zug des mondänen Pariser Lebens, die neue Welle des Kosmopolitismus, in den Industrialisierung und Kommerzialisierung zwangsläufig jetzt münden, die gegenseitige Durchdringung aller Schichten, das merkwürdige Auf und Ab abenteuerlicher Spekulationsgeschäfte, diese ganze unruhvoll gärende Bewegung mag dem oberflächlichen Beobachter immer noch Glanz, Fest und Rausch vorgaukeln. Für den tiefer Blickenden gibt es seit dem Scheitern des mexikanischen Experimentes, mit dem österreichischen Erzherzog Maximilian als Kaiser von Eugénies Gnaden, seit dem immer offenkundigeren Erstarken des Bismarckschen Preußen keinen Zweifel mehr, daß dieses Leben, diese Gesellschaft, diese Staatsform ihrem Ende zu eilen.

Auch dieser hellste Glanz vor dem Sturz, dieser künstlichste Rausch einer Stadt, die zur Kulisse ihrer selbst wird, zum reizvollen Reklamebild, das über Zusammenbruch und Wiederaufbau noch Jahrzehnte hindurch fortwirken wird, erhält sein Abbild in der Offenbachiade. Und Offenbachs *Pariser Leben* wird sich sehr bald von seinem Vorbild lösen und zur zeitlosen Hymne für das Zweite Kaiserreich und seine Metropole werden.

Die Eisenbahn ist eines der sichtbarsten Zeichen fortschreitender Industrialisierung. Mit ihr kommen Tausende, ja Zehntausende von Fremden zur neuen zweiten Weltausstellung nach Paris. Offenbachs Operette wird ihren Tanz- und Vergnügungsreigen im Rhythmus der auf dem Straßburger Bahnhof ankommenden Züge intonieren. Gardefeu und Bobinet, Lebemänner und Nichtstuer, Grundtypen aller Operettenbücher des ganzen kommenden Jahrhunderts, eröffnen mitten im Gewühl der Zeitungsverkäufer, Bahnhofsschaffner, Dienstmänner, Müßiggänger und fremdenlüsterner Frauen die Folge der im höheren Sinne wieder logischen Unwahrscheinlichkeiten. Oft zerstritten, oft wieder versöhnt, zur Zeit schlecht aufeinander zu sprechen, weil ein und dieselbe rassige Lebedame, Metella, Ziel ihrer beider Wünsche ist. Metellas Auftritt am Arm eines Dritten läßt alle Feindschaft zwischen den beiden Elegants dahinschmelzen, zumal der nächste Zug reiche Fremden-Beute bringt.

Dem schwedischen Baron von Gondremark und seiner schönen jungen Frau stellt sich Gardefeu als Fremdenführer vor, offeriert ihm sein Privathaus als Dépendance des Grand-Hotel. Und da längst alle Grenzen zwischen Bourgeoisie und Demimonde, zwischen «herrschaftlicher» und «Domestiken»-Welt in Bewegung geraten sind, in Paris alles erlaubt scheint, was gefällt, nur eine Gottheit, die des Vergnügens, die Stadt des Lichts regiert, wird im Handumdrehen für die schwedischen Gäste die Privatwohnung in einen Hotelbetrieb verwandelt. Handschuhmacherin und Schuhmachermeister nebst Freunden und Bekannten improvisieren das Festessen, die Table d'hôte, deren Gäste im Takt der Tyrolienne sich sittsam einführen, um mit Schnadahüpfeln sehr unpassend, aber für Gondremark eben «echt pariserisch», aus der Rolle zu fallen. Im Bolero-Rhythmus gesteht der «alte Schwede», daß er nur die eine Absicht hat, sich in den Strudel des nächtlichen Paris zu stürzen, die Pariserinnen mit ihrem weltbekannten Charme endlich aus der Nähe zu studieren.

Von ihnen hat ihm in Schweden schon ein Freund Wunderdinge erzählt, und der Empfehlungsbrief, den ihm dieser an Metella, eben jene einstige Freundin Gardefeus und Bobinets, geschrieben hat, gibt Offenbach nun das Stichwort zu einer seiner zartesten, unvergänglichsten Kompositionen. Diese Briefarie der Metella, «jenes unbeschreiblich süße Gedicht», wie Karl Kraus es nennt, «das den entfernten Schreiber – den armen Baron Frascata, der im Norden von den Pariser Seeligkeiten träumt und an deren Spenderin den Überbringer empfiehlt – in seinem rührenden Nichtvorhandensein zu der einprägsamsten Gestalt des Stückes macht, einer der stärksten Augenblicke, die das Bühnendasein überhaupt kennt»[45].

Was folgt, scheint eine szenische Illustrierung dieses intimen, zauberhaft andeutenden Paris-Gesangs zu sein. Gardefeu führt Gondremarks Frau in die Oper und natürlich auch zu den Sängerinnen der Café-Concerts. Dort wie hier kann die schöne Schwedin Gold nicht von Talmi, Gesellschaft nicht von Halbwelt unterscheiden. Und der Baron erlebt unterdessen auf Einladung Bobinets «das Pariserischste», das er sich denken kann: ein Fest der «oberen Zehntausend», wie er glaubt. In Wirklichkeit geben Portiers, Hausangestellte, die ganze Garde der Domestiken dem illustren schwedischen Gast unter Bobinets sachkundiger Leitung ein Maskenfest, das sich mit Champagner und immer ausgelassenerer Fröhlichkeit zu jenem Gipfel rauschhafter Heiterkeit steigert, der nicht nur Gondremark und dem Publikum die wirbelnde Illusion des «tout tourne, tout danse» ver-

«Ich stürz' mich in den Strudel 'nein»

Brasilianer und Handschuhmacherin in «Pariser Leben»

mittelt, sondern auch zum nie erreichten Vorbild aller zukünftigen Operetten-Finales geworden ist.

Nachdem Gräfin Gondremark samt ihrem angeheiterten Gatten sich in Gardefeus Wohnung wiedergetroffen haben, Bobinets Tante, Madame Quimper-Karadec, durch plötzliche Rückkehr von einer länger geplanten Reise komische Situationen geschaffen hat, bringt der Schlußakt mit dem Festsaal des Café Anglais nochmals ein Stück echtesten und – 1866 – modernsten Pariser Lebens auf die Bühne. Das Fest eines brasilianischen Krösus vereinigt alle Gestalten des turbulenten Spiels. Von dem alles wissenden, alles vermögenden Oberkellner des Hauses empfangen, feiern sie eines der unzähligen Pariser Feste. Selbst Metella läßt in ihrem Walzerlied, das den Katzenjammer der Roués, der Geräderten, plastisch zu schildern weiß, ahnen, daß auch für diese Feste einmal ein Ende kommen wird. Doch die Gäste des Café Anglais stürzen sich in den Strudel des Pariser Lebens, tanzend, singend, sich berauschend. Offenbachs Cancan behält das letzte Wort; er beherrscht die Stadt, ihre Feste, ihre Gäste.

Offenbach auf der Probe.
Wiener Karikatur

Am 31. Oktober 1866 findet die Premiere im Théâtre du Palais-Royal statt. Wochen-, monatelang zuvor sind die Mitarbeiter wieder einmal kleinmütig, verzweifelt gewesen. Halévy erklärt in einem Brief, daß er dem Wahnsinn nahe sei; er will die beiden letzten Akte streichen. Offenbach allein ist fest vom Erfolg überzeugt. Er ladet Hortense Schneider zur Premiere ein, er hofft, daß ihr *mehr als ein Paar Handschuhe platzen werden, wenn sie all den wunderbaren Sachen applaudieren wird, die es in «Vie Parisienne» zu sehen und zu hören gibt.* Der donnernde Applaus, der Beifallsorkan, der die Premiere begleitet, gibt ihm recht. Ein Jahr wird das Stück in Paris ständig gespielt; Wien und Berlin beeilen sich, nachzukommen.

«*La Vie Parisienne* ist ein großer, ein gewaltiger Erfolg, vielleicht unser größter, trotz *Helena* und *Blaubart*», schreibt Halévy in seinen Notizen.[46] «Die Partitur ist sicherlich eine der besten von Offenbach; die Darsteller sind hervorragend, die Frauen entzückend; allabendlich muß die Tyrolienne der Bouffar, das Finale des dritten Aktes und das Duett Brasilianer – Handschuhmacherin wiederholt werden ... von all unseren Erfolgen wird dieser sich am längsten halten.»

Offenbach und die Direktoren

Die von Halévy erwähnte Zoulma Bouffar, der einzige Gast, den
Offenbach bei Direktor Plunkett im Ensemble des Palais-Royal
durchsetzen kann, ist wohl auch die einzige Offenbach-Sängerin, die
im Privatleben des Komponisten eine mehr als durchschnittliche Rolle spielt. Nach der Bekanntschaft in Bad Ems hat «Zoulma» viele
der dortigen Offenbach-Premieren, dann aber auch in Paris bei Offenbach eine nicht unwesentliche private Rolle gespielt. – In Wien
ist es die von Offenbach in Berlin entdeckte und dann nach Wien
gebrachte Marie Geistinger, die die resolute Handschuhmacherin mit
gleich starkem Publikums- und Presseerfolg kreiert.[47]

Vom Tage dieser Premiere an ist Offenbach der begehrteste Komponist aller Pariser Theaterdirektoren, aller Operettentheater der Welt. Und das Stück, das sich weder Operette noch opéra-bouffe, sondern einfach «pièce en 5 actes» nennt (die deutsche Übersetzung Carl Treumanns sagt «Bilder aus dem Leben der Gegenwart»), ist die erste Operette im zeitgenössischen Gewand. Nicht mehr durch den Schleier der Mythologie, der romantischen Parodie, vielmehr direkt, ohne alle Verkleidung, werden der Pariser Gegenwart ihr Leben, ihr Vergnügen, ihr Rausch, auch ihre Abgründe gezeigt. Doch wer will die Abgründe schon sehen, die Warnung hören? Was bleibt, ist nicht Kritik, nicht Karikatur einer Gesellschaft, deren Auf- und Ablösung sich – auch in diesem Zeitbild – schon deutlich abzuzeichnen scheint; was bleibt, was damals und heute die hinreißende Champagnerwirkung dieser ersten Nicht-Kostüm-Operette ausmacht, ist das Bild der unvergleichlichen, von kosmopolitischem Glanz umstrahlten Stadt.

«Dem Genie Offenbachs gelingt selbst die Verzauberung der mit dem Verständnis erreichbaren, mit den Sinnen greifbaren aktuellsten Gegenwart seiner Lebzeit. Darum ist *Pariser Leben* sein stärkster Geniebeweis ... Denn wie noch ungleich wundersamer war es, statt Götter und Helden, statt Kartenkönige und Märchenprinzen in Menschen, eben diese in Marionetten zu verwandeln ... Diese Raum- und Zeitverkürzung, diese Folgerichtigkeit im Irrationalen, diese Verwandlung des Lebensfaktums ins leere blaue Wunder konnte nur in einem musikalischen Rausch gelingen, der wohl der hinreißendste ist, der jemals auf einer Szene entfesselt wurde.»[48]

WELTHERRSCHAFT DER OFFENBACHIADE

Die Schaffenskraft, der Schaffensrausch Offenbachs haben nachgerade beängstigende Formen angenommen. Nicht nur daß keine Geselligkeit, keine Konversation, kein Straßenlärm Offenbach beim Komponieren stören kann, in seinem Wagen, der ihn jetzt, da sein Gichtleiden ihm das Gehen mehr und mehr unmöglich macht, von der Wohnung zur Probe, vom Theater zum Verleger, von der Librettistenbesprechung zu seinen Aufführungen bringt, in diesem Gefährt hat er sich ein Schreibpult anbringen lassen, und mit fliegender Hast wird Partiturseite auf Partiturseite geschrieben.

Am 31. Oktober 1866 hat *Pariser Leben* seine Uraufführung erlebt. Am 12. April 1867, zwölf Tage nachdem der Kaiser die Weltausstellung dieses Jahres eröffnete, hebt sich der Vorhang vor dem eigentlichen Ausstellungsstück des Dreigestirns Offenbach–Meilhac–Halévy: *Die Großherzogin von Gerolstein.* Die Ausstellung ist mit ihrem künstlichen See, Riesenhallen in Eisenkonstruktion, Eingangstunnel von der Seine aus, einer Unzahl von Pavillons, Ständen aus aller Herren Ländern ein Millionen-Defizit-Betrieb. Er soll dem schwer angeschlagenen Regime Napoleons III. noch einmal Glanz verleihen, Ruhe und Sicherheit vortäuschen.

Enger noch als je zuvor ist bei dem Ausstellungs-Opus der *Großherzogin* die Zusammenarbeit zwischen Komponisten und Librettisten. Der Briefwechsel, die Diskussionen über Figuren und Situationen nehmen kein Ende. Halévy, dem seine Theatererfolge und die dadurch gesteigerte finanzielle Unabhängigkeit gestattet haben, den Staatsdienst zu quittieren, schlägt Meilhac und Offenbach ein deutsches Duodezfürstentum als Handlungsort vor.

Wirklich ein deutsches? Oder ist es der verkleidete russische Zarenhof, an dem bramarbasierende Militärs, Günstlingswirtschaft und Launen einer schönen Herrscherin gezeigt und entlarvt werden sollen? Wer soll getroffen, wer kritisiert oder verherrlicht sein? Nicht zu vergessen die große Oper Meyerbeers, die – seriöser Abglanz gesellschaftlichen Lebens der napoleonischen Epoche – mit musikalischer Karikatur reichlich bedacht wird.

Der Zensor hat Sorgen. Ist es zulässig, eine Monarchin zu zeigen, die dem ihr zugedachten Prinzgemahl kurzerhand davonläuft, um einem schmucken Grenadier ihrer Kleinst-Armee Avancen zu machen («Ach, wie liebe ich die Soldaten!»)? Und wenn dieser Grenadier Fritz in Tagen, Stunden, ja Minuten über Korporals-, Leutnant- und Obersten-Charge bis zum General aufsteigt, den Degen der Herzogin als Auszeichnung erhält («Sieh, dies ist meines Vaters Degen, gebrauch ihn fürs Vaterland»), aber sofort wieder die gleiche Stufenleiter hinunterfällt, sobald er gesteht, in ein Bauernmädchen verliebt zu sein... Wer ist gemeint? Wer soll getroffen sein? Wer vor allem ist die Zentralfigur, der statt Schnupftabak Pistolenrauch in die Nase ziehende kriegslüsterne, unfähige General Bumm, Schwadroneur, «Miles gloriosus» und Falstaff in einem? Einer der deutschen, der österreichischen oder gar der napoleonischen Generale?

Ist das Ganze mit seinen kriegerischen Rezitativen und Soldatenchören wirklich nur eine harmlose «opéra-bouffe», wie das Titelblatt wieder einmal sagt? Die reizenden Chansons der großherzoglichen Ehrendamen, mit denen Feldpostbriefe ihrer Liebsten kommentiert werden, das im Gefühl fast echte, versteckte Liebeslied der Großherzogin («Sag ihm, daß ich stets innig entzückt ihn erblickt») läßt auch einen solchen Schluß durchaus zu.

Nicht gerade zaghaft streicht die Zensur das Buch zusammen,

nimmt an allem und jedem Anstoß. Und auch die Autoren scheinen bis zum letzten Moment, ja über die Premiere hinaus sich nicht einig zu werden, sie fügen hinzu, streichen, ändern. Wieder einmal kommt eine unentschiedene Premiere zustande. Die Presse ist geteilt; das Publikum jubelt den zwei ersten Akten zu; dann lassen Spannung und Applaus nach. Aber den Erfolg entscheidet die vierte im Bunde: La Snédèr, Hortense, die am Premierenabend heulend und jammernd wegen eines ihr von der Zensur verbotenen Phantasieordens auf die Bühne gezerrt werden muß, dann aber die kühnsten Erwartungen übertrifft. Angetan mit Husarenkolpak, eine Reitpeitsche in der Hand, den Hermelinmantel unnachahmlich um die uniformgeschmückten Schultern geworfen, das Publikum mit ihrer Stimme, ihrem Vortrag und Augenspiel, dem «unvergleichlichen Schwung ihrer Hüften» jeden Abend wieder in Rage, in wilde Begeisterung bringend, wird sie zum eigentlichen Stern der Weltausstellung von 1867.

Siebenundfünfzig gekrönte Häupter kommen zur Exposition nach Paris; kaum einer von ihnen versäumt die *Großherzogin von Gerolstein*. Die Könige von Bayern, von Belgien, von Portugal, der Prince of Wales, der russische Zar samt seinem nicht weniger als der Vater in die Diva verliebten Thronfolger, Großfürst Wladimir, der Vizekönig von Ägypten, alle exotischen Potentaten sind Stammgäste in Hortenses Garderobe. Der Groß- und Kleinstadt-Klatsch beruhigt sich nicht mehr. Die Fürstendiva wird das Tagesgespräch bei Hof (der zwölfmal die Aufführung besucht), in den Salons, den alten und neuen Adelspalästen, auf den Boulevards. Unglaublich hoch ist ihre Gage, ihr Vermögen, zu dem jeder der erlauchten Besucher noch sein fürstliches Scherflein beiträgt, ihr Charme, ihre Schlagfertigkeit. Ein Kollegenwitz bringt ihr zwar den Spitznamen der «Fürstenpassage» ein («C'est le passage des Princes, que la Snédèr!»). Was tut's? Eines Tages erscheint die Diva in vierspänniger Equipage «in Kostüm und Maske» vor der Porte Rapp, dem vergoldeten Gittertor des Majestäten-Eingangs der Weltausstellung und ruft dem wachhabenden Offizier zu: «Die Großherzogin von Gerolstein!» Die Wache tritt ins Gewehr, die Pforte tut sich auf. Operette scheint Wirklichkeit geworden, die Wirklichkeit eine Offenbachiade.

Bismarck, der die Vorstellung besucht, lacht aus vollem Halse über die deutsche Kleinstaaterei, die komischen Militärs. Und was hat er in Wahrheit seinem Nachbarn, dem schweigsamen Moltke, zugeflüstert? Ahnt wenigstens er, wie ernst die Autoren dieses Stück gemeint haben? «Bismarck hat sich befleißigt, unsere Einnahmen zu verdoppeln», heißt es in Halévys Erinnerungen. «Diesmal nehmen wir den Krieg aufs Korn, den Krieg, der vor unseren Toren steht.»

Aber noch ist es nicht der Krieg, der Paris bewegen, der seinen

Hortense Schneider als «Großherzogin»

Festesrausch unterbrechen könnte. Nicht einmal die Erschießung Kaiser Maximilians im fernen Mexiko kann über den Tag hinaus die Gemüter erregen. Erst das Ende der großen Schau auf den Champs-de-Mars bringt so etwas wie Ernüchterung, ein Aufhorchen beim Abbruch der Pavillons und Hallen, bei der Abreise der Fürsten, dem Wiederbeginn des Alltags, nachdem zehn Millionen Fremde sich einen Karneval des Lichts, der Bälle, der ewigen Feiertage vorgegaukelt haben. Auch der politische Alltag wird sichtbarer, fühlbarer als noch vor einigen Jahren. Allzu deutlich zeichnen sich die Mißerfolge der französischen Politik, des herrschenden Regimes ab. Schaukelpolitik des allmächtigen Monarchen im Innern, ein Sichdrehen im Kreise, Konzessionen nach allen Seiten, selbst nach der der Republikaner und Arbeiter, die wieder imstande sind, Forderungen anzumelden, sogar durchzusetzen. Dazu die Mißerfolge der Außenpolitik. Nicht nur in Mexiko hat das Abenteurertum dieses französischen Hofes sich enthüllt, auch in Europa sind die Fehlschläge nicht mehr zu verhüllen; die zunehmende Macht Preußens vor allem läßt Schlimmes für die nächste Zukunft fürchten.

Ruht Offenbach sich auf Lorbeeren des Ausstellungsjahres aus? Genügt es ihm, daß drei, oft vier Pariser Bühnen ihn gleichzeitig spielen, daß *Orpheus, Helena, Pariser Leben* und *Die Großherzogin* in Paris, Wien und Berlin, in allen Theatermetropolen Triumphe feiern? Er schreibt, schneller als je zuvor, Briefe an Textverfasser, Notizen an Verleger, vor allem aber Partituren, als treibe auch ihn nun die Angst vor einer sich nahenden Katastrophe. Im Sommer 1867 bringt er – fast nebenbei – in Bad Ems zwei Einakter zur Erstaufführung, *Urlaub nach dem Zapfenstreich* und *Die Gesangsstunde*, kleine, lyrische, komische Köstlichkeiten, wie die Welt sie aus früheren «petits riens» des Mozart der Champs-Élysées kennt und in immer neuen Variationen sich gerne vorspielen läßt. Jahre später erst kommen sie nach Paris, wo Offenbach am 23. November mit einer komischen Oper nach Defoes «Robinson Crusoe» wieder einmal seinen Operntraum zu realisieren hofft. Es wird ein Beinahe-Erfolg in der Comique, immerhin für den Augenblick so stark, daß die Schlappe mit *Barkouf* vergessen zu sein scheint.[49]

Le Château à Toto, nach der *Großherzogin* die erste Zusammenarbeit mit Meilhac und Halévy, bringt erstaunlicherweise einen halben Mißerfolg. Schuld trägt das Textbuch, das mit ähnlichen Mitteln wie in *Pariser Leben* eine Persiflage des verkommenen Adels zu geben versucht. Schuld hat auch die offenbar mit Hast zusammengestellte Musik, in der ein paar Perlen untergehen. Ganz anders wirkt die köstlich-saftige *Insel Tulipatan*, die, von Chivot und Duru textiert, am 30. September 1868 in den Bouffes herauskommt und gebührend beklatscht wird: eine in knalligen Farben und Dialogen vorgetragene Hof-, Liebes- und Verwechslungsgeschichte, in die sich komisch-parodierende, lyrische und tänzerisch-elektrisierende Offenbach-Musik mischt.[50]

Kaum eine Woche nach der *Tulipatan*-Premiere, am 6. Oktober, erklingt in den Variétés erstmals die opéra-bouffe *La Périchole*, mit der Offenbach neue Töne anschlägt, die viel später erst als Auftakt zu einer neuen Epoche seines komischen Genres erkannt werden. Die historische Figur der peruanischen Tänzerin und Schauspielerin Périchole, von Mérimée schon in einem Einakter verewigt, wird von Meilhac und Halévy in eine arme Straßensängerin verwandelt, die mit ihrem Geliebten Piquillos durch die Lande zieht. Von dem liebestollen Vizekönig auf sein Schloß entführt, muß sie, da Hofetikette nur verheiratete Frauen im Palast duldet, schleunigst verheiratet werden. Der vom Hof als Ehemann Ausersehene, von der Straße Geholte, ist kein anderer als ihr Piquillos, von dem sie gerade mit einem wehmütigen Brief Abschied genommen hat. (Wieder ein Briefchanson als Mittelstück der Offenbachschen Partitur; die Schneider bringt es wie die ganze Rolle der Straßensängerin zu großartiger Wirkung.) Mit Alkohol wird Piquillos gefügig gemacht, kommt dann aber wegen Majestätsbeleidigung ins Gefängnis, aus dem ihn schließlich Périchole befreit, um, auf Luxus und Hofleben verzichtend, weiter mit ihm durch die Lande zu ziehen.[51]

Zu dieser gradlinigen Handlung mit ihren nur entfernt – etwa in der Hof- und Inkognitoparodie – an die großen Trümpfe der Offenbachiade erinnernden Texten schreibt Offenbach eine melodisch wiederum unerschöpfliche, sehr persönliche Musik. «Am wunderbarsten vielleicht jene Stücke, in denen ein echtes, doch nie zur Sentimentalität erniedrigtes Gefühl durchschlägt, so Pércholes bezaubernd zarte Briefarie, Piquillos Sehnsuchtsgesang oder das Liebesduett der beiden... auf der anderen Seite geistreich rhythmisierte Ensembles, glänzend pointierte Couplets und prachtvolle Tänze, darunter ein Bolero und hinreißende Walzer... alles mit einem Geschmack, der das Vulgäre peinlich meidet... auch da, wo sich die Musik in einen orgiastischen Finale-Taumel hineinsteigert, bewahrt sie Charme und Haltung.»[52]

Nach den drei Offenbach-Premieren von 1868 folgen im nächsten Jahr weitere fünf. Daß die Werke von unterschiedlichem Erfolg, von unterschiedlicher Qualität sind, versteht sich selbst bei Offenbachs erstaunlichem Talent am Rande. *Vert-Vert*, dem sich am 10. März 1869 zu Offenbachs Freude die Pforten der Opéra-Comique öffnen (als *Kakadu* ist es auch auf deutschsprachigen Bühnen gegeben, von Karl Kraus nochmals liebevoll neu textiert worden), kommt eigentlich etwas unverdient zu dieser von Offenbach so oft vergeblich angestrebten Ehre. Im Grunde ist es keine komische Oper, sondern ein echtes Vaudeville, mit allerdings entzückenden, eingestreuten Musiknummern und Ensembles. Es zeigt witzige Situationen um einen zu Beginn des Stückes bereits gestorbenen Papagei, einige Kavaliere und Offiziere, die Vorsteherin und Schülerinnen eines Pensionats, in dem die Liebe junger und einiger älterer Menschen zu ihrem Recht kommt. Mit seiner prickelnden Musik, einer ebenso instruktiven wie gefälligen Geschichte des Tanzes, vom Tanzlehrer des Pensionats mit praktischen Beispielen (von der Antike bis zum Walzer und Cancan) vorgeführt, ist es einer der kleineren, immerhin einige Zeit vorhaltenden Erfolge Offenbachs.

Die zwölf Tage nach *Vert-Vert* am 22. März in den Bouffes aus der Taufe gehobene opéra-bouffe *Die Diva* ist nicht einmal das. Gerade von dieser Novität hat sich das Viergespann Schneider–Meilhac–Halévy–Offenbach Großartiges versprochen – bringt es doch die Lebensgeschichte des angebeteten und umworbenen Stars Hortense auf die Bühne. Ihr Aufstieg von der kleinen Midinette zur großen Bühnenkünstlerin, ihre Garderobe, ihr Boudoir, schließlich in leichter Andeutung ein bißchen Künstlertragik: muß es nicht nach den unvergessenen Triumphen des Weltausstellungsjahres der neue große Erfolg werden? Nichts von alldem: die Pariser sind alles andere als begeistert.

Zeigt sich in der dem Ende zutreibenden Krise des Zweiten Kaiserreichs zum erstenmal die Offenbachiaden-Müdigkeit eines Publikums, das diese Gattung, ihre Autoren und Darsteller bislang vergöttert hat? Dem widerspricht der Erfolg, den die beiden weiteren Offenbach-Premieren des Jahres unwidersprochen haben.

Die Prinzessin von Trapezunt, zweiaktige Juli-Premiere im Kurtheater von Baden-Baden, am 7. Dezember 1869 als Dreiakter in den Bouffes herausgebracht, den Librettisten Nuitter und Tréfeu von Offenbach geradezu abgerungen, ist auch textlich völlig nach seinen Intentionen gestaltet: Märchenland, Legendenland, Operettenland, in dem diese «drei Akte über das Reichwerden» spielen!

Zirkusleute, Besitzer einer Panoptikumsbude, die durch das große Los zu Schloßbesitzern mit tödlicher Langeweile werden. Reumütig kehren sie zu Jahrmarkt, Manege und Wachsfigurenkabinett zurück, nicht ohne zuvor kräftig in Fürst Casimirs Reich einzubrechen, dessen prinzlicher Sohn mitsamt der Zirkusschönheit Zanetta ein durchaus nicht alltägliches Liebespaar abgibt.

Hofparodie natürlich, dazu auch heute noch interessierende komische Artistenwelt, mit Romanzen, Liebesduetten, Trinkliedern, Serenissimus-Couplet des kauzigen Casimir, tonmalerischen Witzen eines Zahnschmerz-Chansons, Gelage- und Galopp-Musiken ... echter Offenbach, manchmal sarkastisch und doch wie schon *Périchole* auch komische Operntöne aufklingen lassend. Die Wiener Inszenierung am Carl-Theater mit der Gallmeyer als Wachsfiguren nachahmender Zanetta hat – nach Hanslicks begeisterter Kritik – den Pariser Erfolg noch übertroffen. In den zwanziger und fünfziger Jahren unseres Jahrhunderts wird man dieses Musterbeispiel des «genre primitiv et gai» auf deutschsprachigen Bühnen wiedersehen.

Ganz Offenbachiade in des Wortes bestem Sinn, also geistreiche Zeitkritik, lustiges, sich komisch und drastisch überschlagendes Buch von Meilhac und Halévy, musikalisch von Offenbach so blendend verpackt, daß der Zuschauer und Hörer wieder nur einem exquisiten musikalischem und szenischen Vergnügen beizuwohnen meint, ist die opéra-bouffe *Die Banditen* (*Les Brigands*). Einen Tag vor der Premiere des Einakters *La Romance de la Rose,* einem Operettchen, das wie Flotows «Martha» um das irische Volkslied «Letzte Rose» kreist und in den Bouffes eine Zeitlang läuft, wird diese humorige Köstlichkeit an der nun schon traditionellen Pariser Offenbach-Bühne, dem Théâtre des Variétés, uraufgeführt.

Ein Erfolg, groß, durchschlagend, zunehmend, eigentlich erst in unseren Tagen – wiederum in der Nachdichtung von Karl Kraus – zu voller musikalischer und vor allem textlich-szenischer Wirkung kommend. Form und Grundschema sind nicht allzu weit von Aubers «Fra Diavolo» entfernt; das Stück wird zunächst vom Publikum auch als eine noch vergnüglichere, ausgelassenere Variante der gängigen Räuber-Oper goutiert. Welchen Weg, welche Entwicklung Offenbach von den Einakter-Anfängen über die großen Offenbachiaden bis zu diesem Höhepunkt der ausgehenden sechziger Jahre durchmessen hat, wird den Wenigsten bewußt.

Immer schärfer, immer dringlicher fordert er von seinen Librettisten *Situationen* für seine Musik. *Nicht Quantität, sondern Qualität* soll Halévy ihm schreiben, will sagen: *Ohne Situationen wird die Musik langweilig und absurd fürs Publikum.* Mehr und mehr wird Offenbach – in seinem Genre – Musikdramatiker. Situation und Musik sollen übereinstimmen, Szenen sollen sich zu Ensembles steigern, sollen Charakterisierung der Figuren, dramatische Behandlung erlauben.

Mit zwei räuberischen Bettlern hat einst die große Ära der Bouffes in den *Beiden Blinden* begonnen. Hier, mit dem Banditen-Hauptmann Falsacappa, der nach Prinzessinnenraub und versuchtem Coup auf den Staatsschatz des Fürstentums von Braganza einsehen muß, daß die Minister, die er berauben will, die größeren Gauner sind und die Staatskasse längst in ihre Taschen gewandert ist, wird der Gipfel der Gaunerkomödie erreicht.

Wie dem Berufsverbrecher eine Welt zusammenbricht, als er erkennen muß, daß Diebesbeute nur nach der Höhe der gesellschaftlichen und politischen Stellung berechnet werden kann, wie seine Räuberbande alle Metamorphosen des anstrengenden Berufs im Rahmen der turbulenten Handlung durchläuft, die obligaten Liebesfäden gesponnen werden, die Hofsatire zu ihrem Recht kommt – ein Buch, wie es nur am Ende des Offenbachiaden-Jahrzehnts gelingen kann.

«Die Stiefel, sie trappen, sie trappen»

Der Kanon der als Bettler verkleideten Briganten ist – auch als Schelmenstückchen Offenbachscher Satzkunst – berühmt geworden; berühmter noch Gesang und Stiefelgetrappel der als Obrigkeit in die Räuberorgie einbrechenden Polizei, die «wie's nun mal so geht, kommt meistens doch zu spät». Dies Trappen, Trappen, Trappen («bottes, bottes, bottes») der Carabinieri, wie hat Offenbach es dröhnen lassen, wie hat Karl Kraus im Theater der Dichtung damit die immerwährende Aktualität und grausame Lächerlichkeit alles obrigkeitlichen Getues herausgestellt! Von allen Offenbachiaden bietet diese in vibrierende Musik getauchte bitter-komische Enthüllung von Geld, Macht und Politik dem modernen Regisseur wohl die interessanteste, bis heute am wenigsten ausgeschöpfte Vorlage.

Ich verstehe nichts von Politik. Mehr als einmal hat Offenbach es seinen Freunden, seinen Kollegen gegenüber gesagt, im Theater, bei Tisch, zu Hause, bei Empfängen. Und Ludovic Halévy, als ehemali-

ger Beamter des Corps legislativ mit allen politischen Wassern ge-
waschen, hat – heimlich und offen – über die von Offenbach geäu-
ßerten Meinungen gelacht. Trotzdem hat der Musiker und Tanzmeister von Paris ein Gespür für die Dinge, die im politischen Un-
tergrund jetzt sich vollziehen. Mit dem Zweiten Kaiserreich ist er
groß geworden. In die Jahre zwischen den beiden Pariser Weltaus-
stellungen von 1855 und 1867, die die Jahre diktatorialer Macht Louis-
Napoléons darstellen, fällt sein Aufstieg, sein beispielloser Erfolg.
Im Bereich des internationalen Theaters stellt er in diesen Jahren eine
vielleicht noch ausschlaggebendere Großmacht als Frankreich im Konzert der Mächte dar.[53] Und wenn Offenbach versucht, zwischen Reisen, Proben und Premieren sich Rechenschaft zu geben über die eigene Existenz, über Paris, über Frankreich, muß er nicht – politisch
bewandert oder nicht – allen Grund haben, besorgt zu sein?

Villemessant bringt als erster im Oktober 1869 im «Figaro» die
aufsehenerregende Meldung, daß Offenbach sich mit Victorien Sardou, einer anderen Großmacht der Pariser Bühne, zusammengetan
hat, um ein neues Opus *Le Roi Carotte* (*König Mohrrübe*) herauszubringen – eine Sensation, die von der Presse und den Boulevardiers mit Behagen erörtert wird. Die unwahrscheinlichsten Gerüchte
kursieren: Ein politisches Werk, ein Schlüsselstück über Pariser Verhältnisse. Der Hof in den Tuilerien, die politischen Gruppen, alles
genau erkennbar. Tatsächlich hat kein anderes Werk Offenbachs seine Feinde und Freunde – diese vor allem – vor so viele ungelöste
Fragen gestellt wie dieses Märchenstück, dem Sardous Buch nach E.
Th. A. Hoffmanns Erzählung «Klein Zaches, genannt Zinnober» zu-
grunde liegt.

Offenbach, Meilhac und Halévy stürmen die Theater. Karikatur

Es handelt von König Friedolin, dem schlechten Herrscher, der seiner schönen Gattin zum Leidwesen des Landes allzusehr die Regierung überläßt. Die von Friedolins Vater verbannte böse Zauberin des Schlosses läßt während eines der spektakulären verschwenderischen Hoffeste die Pflanzengeister des königlichen Gartens lebendig werden. Aus den Wurzeln (radix, Radikale!) kommen sie, und der rote König Mohrrübe entthront Friedolin, der, um sein Leben zu retten, als Emigrant sein Land verläßt. Aber während der frühere König im Exil sieht und lernt, stellt sich in der Heimat bald heraus, daß König Mohrrübe um nichts besser, ja schlechter und korrupter regiert als sein Vorgänger. Das Volk erhebt sich, treibt die Gemüse-Geister unter die Erde, setzt den weiser gewordenen Friedolin in seine alten Rechte wieder ein.

In der Situation von 1869 ein gewagtes und – ganz gleich, welche Schlüsse man daraus ziehen, für welche Gruppe man sich entscheiden will – ein sensationelles Stück. Zunächst will Sardou die Zusammenarbeit mit dem berühmten Operettenmeister gar nicht schmekken. Offenbach aber behandelt den jüngeren, erfolgverwöhnten Textautor mit solcher bei ihm sonst kaum gekannten Liebenswürdigkeit und Diplomatie, daß ein erstaunlich rasches Fortschreiten der Arbeit möglich wird. Im Frühjahr 1870 sind Buch und Komposition so weit gediehen, daß man vom 15. Oktober als Uraufführungsdatum spricht. «Was für eine prächtige Premiere das geben wird», schließt Villemessant seine Ankündigung im «Figaro». Aber die Revolution und der Königssturz finden diesmal nicht auf der Bühne, sondern in der Wirklichkeit des Deutsch-Französischen Krieges statt. Drei Monate vor dem vorgesehenen Operetten-Datum bricht dieser aus und stürzt zwei Großmächte: das Zweite Französische Kaiserreich und die Weltherrschaft der Offenbachiade.

KRIEG UND WENDE

Wovor Offenbach in der Maske des witzigen Karikaturisten gewarnt, was er prophezeit hat, das vollzieht sich binnen weniger Wochen und Monate auf der Bühne der Wirklichkeit. Für das untergangsreife System des Zweiten Kaiserreichs scheint der Krieg zunächst noch die Chance eines letzten Auswegs zu bieten. Die Trommeln des General Bumm, sie «trommeln, trommeln, trommeln» den letzten Akt ein, die Stiefel Tausender Ordnungshüter und Soldaten, sie «trappen, trappen, trappen» ... «À Berlin», brüllt die Menge in Paris. «Nach Paris» echot es jenseits des Rheines ... Ein letztes Mal

Zwangsausverkauf Napoleons. Karikatur von Faustin,
1870

gelingt dem Hof und der Pariser Finanz selbst jetzt noch ein herrlicher Börsencoup durch lancierte Siegesnachrichten. Sie stellen sich als gefälscht heraus. Die Deutschen dringen über die Grenzen, die Armeen Napoleons III. sind geschlagen. Mit der Schlacht von Sedan ist am 2. September die militärische Niederlage des Kaiserreichs besiegelt. Napoleon kapituliert, kommt als Kriegsgefangener nach Kassel; Eugénie flieht auf abenteuerlichen Wegen nach England, wohin ihr der Ex-Kaiser nach Kriegsende folgen wird. Am 4. September 1870 wird Frankreich wieder Republik.

Bei Kriegsausbruch ist Offenbach in Bad Ems, von wo ja das diplomatische Gewitter seinen Ausgang nimmt. Er eilt zurück nach Paris. Wohin sonst? Aber er muß erkennen, daß Paris sich zusehends ändert, daß eine ihm unbekannte Ernüchterung die Menschen ergriffen hat. Der anfängliche Begeisterungsrausch bei Kriegsausbruch verflüchtigt sich. Die Größen der Gesellschaft von gestern sind unauffindbar. Die Theater, in denen zunächst noch patriotische Lieder erklingen, werden in Lazarette umgewandelt, und die öffentliche Meinung hat andere Sorgen als gestern, vorgestern.

Nie hat die Pariser Presse ihn mit kleinen und größeren Plänkeleien verschont. Sein Erfolg, seine Stellung in Gesellschaft und bei Hof zähmten die kritischen Stimmen. Jetzt brechen sie gegen den «ehemaligen Preußen» durch. Zu Beginn der Feindseligkeiten wirft man ihm vor, mit dem Herzen drüben, auf der anderen Seite des Rheins zu sein. Später verdichten sich die Andeutungen zu schweren Anschuldigungen: Offenbach hat seit Jahren das Spiel Bismarcks gespielt! Die Kritik, die er in seiner Operette, der bejubelten Offenbachiade an französischen Zuständen geübt hat, ist staatsfeindlich, Werk eines von Bismarck bezahlten Spions. Mit den militärischen Niederlagen verdichten sich die Anwürfe, werden aus Andeutungen massive Drohungen. Selbst in Etretat, in seiner Villa Orpheus, wo er vor genau einem Jahr unter dem Jubel der Einwohner und in Scharen herbeigeeilter Freunde seine silberne Hochzeit gefeiert hat, scheint seine und seiner Angehörigen Existenz während der Kriegszeit nicht gesichert.

Mehr noch als die Sticheleien der französischen Presse kränken ihn die Töne, die er aus der alten deutschen Heimat hört. Ein 1862 komponiertes französisch-patriotisches Lied «Gott schütze den Kaiser» nimmt man dort als willkommenen Anlaß, ihn einen vaterlandslosen Gesellen, einen Verräter seiner Heimat zu nennen. Am 16. August 1870 läßt Offenbach im «Figaro» eine Zuschrift erscheinen, in der es heißt: *Einige deutsche Zeitungsschreiber treiben die Verleumdungen gegen mich so weit, zu behaupten, ich hätte Lieder gegen Deutschland komponiert. Ich möchte meine Familie und meine Freunde in Deutschland, die mir teuer sind, wissen lassen, daß ich seit meinem vierzehnten Lebensjahre in Frankreich lebe. Ich bin hier naturalisiert und Ritter der Ehrenlegion. Ich verdanke Frankreich alles und wäre nicht wert Franzose genannt zu werden – was ich einzig meiner Arbeit und Ehrenhaftigkeit verdanke –, wenn ich mich einer Feigheit meinem ursprünglichen Vaterland gegenüber schuldig machen würde. Wenn etwas meine Liebe zu Frankreich noch steigern könnte – was aber kaum möglich ist –, so wäre es die Tatsache, daß es keinem Franzosen je eingefallen ist, mich einer Handlung für fähig zu halten, die in den Augen aller anständigen Menschen gleich welcher Nationalität eine Infamie bedeuten würde.*

Das Echo dieser Veröffentlichung, die zwischen Börsennachrichten und Verwundeten-Listen erscheint, ist gleich Null. Sie scheint dort, wo sie auch in Deutschland nachgedruckt wird, die Wut gegen Offenbach nur zu verstärken. So versieht die «Leipziger Allgemeine Zeitung» den Abdruck der Notiz mit der redaktionellen Bemerkung, das eigentliche Attentat Offenbachs gegen sein Geburtsland bestehe in der Komposition seiner Operetten, und durch nichts anderes sei er ein reicher und angesehener Mann geworden als durch eben das, wogegen jetzt Krieg geführt werde.

Auch in Frankreich wird die Anti-Offenbach-Stimmung aggressiver. Von der Liste für die Verleihung der Rosette der Ehrenlegion, auf die ihn Maurice Richard, der letzte Kultusminister Napoleons III., setzt, wird er nach der Schlacht bei Wörth von der Kaiserin eigenhändig gestrichen. Die immer häufigeren persönlichen Drohungen lassen es ihn ratsam erscheinen, zunächst einmal die Familie außer Landes zu bringen. In dem spanischen Seebad San Sebastián werden seine Angehörigen das Kriegsende erwarten, während er, immer mehr von Gicht, Rheumatismus, Kurzsichtigkeit geplagt, «ein bißchen kreuz und quer» fährt, wie er mit Galgenhumor einem Freund mitteilt.

Über Italien geht die Reise nach Wien, das er nach wie vor liebt. 1871, als Offenbach nach San Sebastián zurückkommt, hofft er noch fest auf französischen Sieg, wettert in Briefen gegen *diese furchtbaren Preußen, die zivilisierte Menschen sein wollen und unser geliebtes Frankreich nun ins Verderben stürzen.* Er kann in diesen Tagen nicht an Arbeit, nicht an Kunst auch nur denken, er muß erleben, daß nach einer der grausamsten Belagerungen Paris von den preußischen Truppen besetzt wird, die am 1. März 1871 auf den Champs-Élysées ihre Siegesparade abhalten. *Hoffentlich wird diesem schrecklichen Wilhelm Krupp und seinem fürchterlichen Bismarck das alles teuer zu stehen kommen,* heißt es in einem Brief Offenbachs an seinen Librettisten Nuitter vom 6. März. *Ich bin zutiefst traurig bei dem Gedanken, am Rhein geboren zu sein und durch irgendwelche Bande mit diesen entsetzlichen Wilden verbunden zu sein... Die armen kleinen Kollegen tun mir leid, die mir, weil ich erfolgreich bin, dadurch zu schaden hoffen, daß sie mich als Deutschen bezeichnen, obwohl sie sehr genau wissen, daß ich bis auf die Knochen Franzose bin...*

Die Beteuerungen Offenbachs, in denen sich naive Überzeugung und Kriegspsychose eines wirklich unpolitischen Menschen merkwürdig mischen, helfen ihm im Kriegs- und Nachkriegs-Frankreich wenig. Noch vor Kriegsende kommt es im Februar 1871 in den Bouffes bei einer Aufführung der *Prinzessin von Trapezunt* zu Demonstrationen gegen den Preußen Offenbach. Die Tatsache, daß man in Berlin bei der Siegesfeier Marschpotpourris aus *Pariser Leben* spielt, mag sich mit den deutschen Anfeindungen schlecht zusammenreimen; in Paris, wo die Presse jetzt die nationalen Kölner Lieder aus dem Jahre 1848 gegen ihn ausspielt, verstärkt es den Eindruck, daß Offenbach seit langem die Partie der verhaßten Prussiens als wohlbezahlter Agent mitspielt.

Das Paris, in das Offenbach 1871 zurückkehrt, ist ein anderes als das vor wenig mehr als einem Jahr verlassene. Die Stadt hat nicht nur die Belagerung mit grausamer Hungersnot, sie hat auch die Tage der Kommune, den blutigsten Bürgerkrieg, hinter sich, den Paris in diesem Jahrhundert erlebt. Wieder ein in Blut erstickter Aufstand des Proletariats von Paris, der zwar eine neue Herrschaft der immer noch zwischen rasch ausgerufener Republik und neuer Monarchie schwankenden Bourgeoisie bringt, von dem aber Karl Marx in seinem Londoner Exil sagen kann: «Wie die Sache auch unmittelbar verlaufe, ein neuer Ausgangspunkt von welthistorischer Wichtigkeit ist gewonnen!»

Die Zehntausende von Toten und Eingekerkerten, die nach Krieg und Bürgerkrieg zu beklagen sind, die zu großen Teilen in Trümmern liegende Stadt, der Versuch der Intellektuellen, Ursachen des Zusammenbruchs zu erkennen und zu bekämpfen, der Wille, mit der Korruption des napoleonischen Regimes aufzuräumen, das Land mit Vernunfts- und Wissenschaftsgläubigkeit wieder aufzubauen – das alles unterscheidet sich sehr von jenem Milieu, in dem die Offenbachiade sich entwickelt hat. Nicht nur Émile Zola, der große Realist, dem die Kunst ein «triste métier» scheint, donnert in seinem Roman «Nana»: «Die Operette ist ein öffentliches Übel, man soll sie erwürgen wie ein schädliches Tier»; auch Alexandre Charles Lecocq, der von Offenbach entdeckte und geförderte Kollege – und Konkurrent –, meint noch während der letzten Kriegsmonate, die Operette werde «von den preußischen Granaten getötet».

Trotzdem kehrt mit Offenbach auch seine Operette nach Paris zurück. Wie nach jedem Krieg, nach jeder Epoche gesellschaftlicher Umwälzungen ergreift auch jetzt sehr bald Entspannungsbedürfnis und Amüsierlaune die Pariser. Es ist nicht mehr der Troß des Zweiten Kaiserreichs, der die Theater, die Boulevards und ihre Lokale füllt, aber das Leben der einstigen Lichterstadt scheint aus Trümmern wiederzuerstehen. In der Gaîté sollen als erstes Offenbach-Werk nach dem Kriege die *Banditen* wieder herauskommen. Offenbach, von Gicht gequält, nach schlaflos verbrachter Nacht, kommt von Etretat nach Paris. Fröstelnd, fest in seinen Pelz gehüllt, schiebt er sich mühsam in einen Fauteuil. Auch Halévy wohnt der Probe bei, sieht Offenbach bei dieser Gelegenheit wieder, bemerkt und verzeichnet in seinen Tagebüchern, wie gealtert, krank, resigniert der gerade Fünfzigjährige wirkt.

Offenbach läßt Halévy wissen, daß er sich zu krank fühlt, um gegen die falschen Tempi, das uninteressierte, langweilige Spiel des Chors zu protestieren. Doch kaum hat er diese Sätze gestammelt, springt er wütend auf, fragt die Chordamen, was eigentlich sie da singen. «Eben noch vor Kälte zitternd, war er jetzt in Schweiß gebadet», erzählt Halévy in seinen Memoiren, «sein Mantel fliegt auf den Fauteuil, mit beiden Armen schlägt er Takt, zerbricht seinen Stock mit einem Schlag auf das Klavier ... er selbst, die Sänger, die Komparsen, alles ist wie verwandelt, das ganze Finale hat jetzt hinreißenden Schwung ... als die letzte Note verklingt, klatscht alles frenetisch Beifall ... Offenbach fällt in seinen Sessel zurück und ruft: ‹Mein Stock ist hin ... aber mein Finale hab ich gerettet!›»[54]

Kein Zweifel, Offenbach ist trotz aller Wandlungen, Anfeindungen, Enttäuschungen der Alte geblieben. Mit eiserner Energie wird er noch einmal daran gehen, Paris zurückzuerobern. Erster Schritt dazu: Die Erstaufführung des *Roi Carotte*, zu der es jetzt doch noch kommt. Sardou selbst meint eines Tages, man könne das Stück – wenn auch ein wenig gewandelt – auf die Bühne bringen. Mit Feuereifer stürzt sich Offenbach in die Arbeit. Den nicht ungefährlichen Schluß mit der Wiederkehr des vertriebenen Königs läßt man unverändert. Sitzen nicht Republikaner und Monarchisten in den Zuschauerreihen? Warum also sollen die einen nicht der Satire auf das vergangene System, die anderen der tröstlichen Prophezeiung einer Wiederkehr der geläuterten monarchischen Pracht und Herrlichkeit zustimmen?

Genau dies wird der Erfolg des Stückes, um das sich Direktor Boulet vom Théâtre de la Gaîté geradezu reißt. Er hat sein Haus mit fast tausend Plätzen ganz der Féerie, dem großen Revue- und Ausstattungsgenre zugeführt. Seine Bühne, mitten im Pariser Geschäftszentrum gelegen, bleibt zwei Wochen wegen der enormen Vorbereitungen für die Premiere geschlossen. Als der Vorhang sich über *Roi Carotte* zum erstenmal hebt, ist das Haus mit einem neuen Pariser Publikum gefüllt, das die Sensation auskostet, ein Stück unmittelbarer Vergangenheit mit politischen Spekulationen und der Musik des noch immer wohlbekannten Maître Offenbach in einer märchenhaften Ausstattung von 22 Revue-Bildern zu bestaunen. Diese äußere Aufmachung, mit der Boulet ein Meisterstück geliefert hat, bringt den Erfolg des Werkes, dem jede Anzüglichkeit auf kriegerische Ereignisse der jüngsten Vergangenheit genommen wird, das der Textdichter von Deutschland, wo es der Hoffmannschen Legende gemäß spielen soll, in ein legendäres Ungarn verlegt.

Plakat zur Uraufführung von «König Mohrrübe»

Offenbachs Musik, von Couplets über reizvolle neue und alte Ballettmusiken bis zu Vorklängen zu *Hoffmanns Erzählungen* reichend, gibt ganz gewiß nicht den Ausschlag für einen Erfolg, der über hundert Abende trägt, bringt den Komponisten aber zum erstenmal wieder als Schöpfer einer Novität mit dem Nachkriegspublikum in Kontakt. Und wenn eine Kritik (aus der Feder von Félix Clément) auch schweres politisches Geschütz gegen den Deutschen und Bismarck-Lakaien Offenbach auffährt, so hat dieser erste Nachkriegs-Erfolg doch auf Jahre Offenbachs Arbeit und Leben bestimmt. Offenbach hofft auch jetzt wieder, das Glück als sein eigener Theaterchef zwingen zu können. Mit Direktor Boulet, dessen Ausstattungssucht ihm selber nicht fremd ist, trifft er das Abkommen, sein Haus am 1. Juni 1873 in eigener Regie zu übernehmen.

Plötzlich scheinbar wieder ganz der Alte an Energie, Fleiß und Ausdauer, stürzt sich Offenbach mit Vehemenz in die Vorbereitungen. Daneben wird auch die Komposition durchaus nicht vernachlässigt. Haben schon Werke wie *Périchole* und *Prinzessin von Trapezunt* Offenbach auf dem Wege zu neuen, feinkomischen und spielopernartigen Wirkungen gezeigt, so bleibt der Zeitwandel und die Erfolge, die Lecocq mit Stücken mehr lyrischen und singspielhaften Charakters – etwa «La Fille de Madame Angot» – hat, nicht ohne Einfluß auf Offenbachs neue Stoffwahl und Komposition.

Manches gerät dabei zu fein und vielleicht – wie die Kritik meint – auch zu langatmig. So etwa der schon vor dem Krieg fast fertiggestellte, im Jahre 1872 in der Opéra-Comique aufgeführte *Fantasio*. Nach Alfred de Mussets Bühnenstück und von dessen Bruder textiert, wird es die letzte Premiere eines seiner Stücke in der Comique, die Offenbach erlebt. Weder in Paris noch in Wien kann es sich durchsetzen, und das gleiche gilt von dem noch im selben Jahr in Wien aus der Taufe gehobenen *Schwarzen Korsar* und vielen anderen Neuheiten der Nachkriegsproduktion.

Je weniger sich aber das große Glück des Komponisten wieder einstellen will, um so mehr Hoffnung setzt Offenbach auf die neue Theaterdirektion. Die soziale und ökonomische Entwicklung scheint ihm zu Hilfe zu kommen. Die erste Welle des großen Nachkriegsgeschäfts belebt Paris, eine neue Eleganz kündigt sich auf den Boulevards, in Lokalen und Theatern an. Marschall Mac-Mahon, der den ersten Präsidenten der III. Republik Thiers bald in seinem Amt ablösen wird, sorgt für Ruhe und Stabilität, die Erinnerung an Krieg und Aufstand schwindet.

Infolge des Todes von Direktor Boulet muß Offenbach die Leitung der Gaîté früher als vereinbart übernehmen. Ist er auf Reisen, um Werke anderwärts zu leiten, in Bädern Linderung seiner Schmerzen und Leiden zu suchen, überwachen der nicht gerade geniale Tréfeu und Kapellmeister Vizentini den Umbau von Bühne und Zuschauerhaus, der Unsummen verschlingt. Die Eröffnungspremiere am 2. September – Barrières Schauspiel «Le Gascon» mit Bühnenmusik von Offenbach – bleibt trotz riesiger Freikartenkampagne ein Mißerfolg. Noch einmal zeigt sich Offenbachs sicherer Theaterinstinkt. Auf wertvolle, aber kommerziell unsichere Programmvorhaben wie «Sommernachtstraum» mit Mendelssohns Musik oder Beethovens «Ruinen von Athen» wird kurzerhand verzichtet. *Orpheus*, der schon einmal die Rettung vor Bankrott und schlimmerem gewesen ist, wird in größter Eile für die Nachfolge von «Gascon» hergerichtet. Denn

nicht den Original-*Orpheus* von einst spielt Offenbach, sondern eine
«Orpheus»-Revue im Stil etwa des *Roi Carotte*. Auf vier Akte und
zwölf Bilder wird das Stück ausgeweitet, Ballette, dekorative Mas-
senszenen werden, wo immer möglich, eingefügt und mit rasch nach
den alten Originalmelodien hingeworfener Musik versehen. 120 Damen und Herren Chor und Komparserie, annähernd 70 Tänzerinnen, ein 60 Mann starkes Orchester wirken mit. Offenbach selbst
gibt das Stichwort für alle späteren Groß-Inszenatoren und Bearbei-
ter seiner Werke. Den Geschmack seines neuen Publikums trifft er
wie in besten Zeiten. Ganz Paris pilgert wieder einmal in die seit
dem 7. Februar 1874 allabendlich laufende Aufführung. Es ist ein
Riesengeschäft. Die 100. Aufführung wird von Offenbach – trotz
Krankheit und Schmerzen – als Pultvirtuose dirigiert.

Offenbach scheint sein altes Tempo wiedergefunden zu haben: Im
Pariser Renaissance-Theater kommt im September, fast gleichzeitig
mit der *Orpheus*-Neufassung, der empfindsame Einakter *Pomme
d'Api,* im November bereits *La Jolie Parfumeuse* heraus. In beiden
nicht mehr als liebenswürdigen und moralisch artigen Werken fei-
ert der neue Offenbach-Star Louise Théo die ersten Triumphe. Sie
und die Judic sind von Offenbach wieder auf seinen Rundgängen
durch die Café-Concerts als junger Nachwuchs entdeckt worden – in
letzter Stunde, weil Hortense sich – nach einigen tragikomischen
Zwischenfällen – bald gänzlich als reiche Dame von der Bühne zurückziehen will. Auch Meilhac und Halévy, die noch vor Kriegsausbruch mit dem gesellschaftskritischen Sittenstück «Frou-Frou» einen
echten Erfolg auf der dramatischen Bühne hatten, werden nicht mehr
ausschließlich und weniger häufig für Offenbach arbeiten.

In Teilen der neuen Buffo-Oper *Madame L'Archiduc* kann man
noch ihren großartigen Textentwurf erkennen: in der humorigen
Geschichte vom Landmädchen, das zur Fürstin emporsteigt, aus Liebe aber wieder zum Landleben zurückfindet, in dem komischen Hof,
den Dragonern, die beste *Banditen*-Zeiten heraufzubeschwören scheinen. Und doch ist alles viel mehr buntes Märchen als spritzige Karikatur; der Melodiker Offenbach scheint alle Kritik, alle Parodie in
eitel Wohlklang und Schöngesang umzuwandeln. Ein Erfolg, gewiß,
diese melodiöse klangvolle Nachkriegsproduktion, aber keine Offenbachiade, höchstens eine sehr lustige Erinnerung daran.

Inzwischen hält die *Orpheus*-Neufassung mehr als erwartet. Als
Theaterleiter ist Offenbach glücklich darüber, als Komponist möchte
er lieber mit Neuem, Nichtdagewesenem glänzen. Ist das noch möglich, da eine neue Generation ihn abzulösen scheint, ein Lecocq, früher von ihm gefördert, ihn jetzt an Erfolg und Ruhm überrundet (der
allerdings nie den Grad Offenbachscher Beliebtheit von einst erreicht).

Die Werke huldigen Offenbach. Zeitgenössischer Stich

Anna Judic

Offenbach muß sich darüber klarwerden, daß neben der Pariser die Wiener Konkurrenz ihm zuzusetzen beginnt. Johann Strauß, von ihm selbst einst ermutigt, Operetten zu schreiben, wird in Paris mit «Indigo», aber auch mit «Fledermaus» triumphieren. Und wenn er sich allabendlich mit Zoulma Bouffar als Hauptdarstellerin zusammen verbeugt, wird niemand daran denken, was Strauß' Werk der Offenbachschen *Vie Parisienne* zu danken hat.

Den *Orpheus,* der immer noch glänzende Einnahmen bringt, durch ein Monsterwerk Sardous abzulösen, scheint bei der herrschenden Publikumsvorliebe für riesige Ausstattungen angebracht. Er sagt dem Mitautor von *Roi Carotte* hundert Aufführungen und zwölf Prozent der Einnahmen zu. Einige hunderttausend Francs werden in die Dekors und Kostüme gesteckt. Das Ergebnis ist niederschmetternd. Wieder sollen Freikarten in Massen den Besuch ankurbeln. Aber ein eisiger Winter macht jeden Versuch dieser Art von Werbung zunichte. Soll *Orpheus* noch einmal die Zuflucht sein? Vizentini glaubt besseren Rat zu wissen: *Genoveva* wird eiligst zur Revue hergerichtet, um wenigstens die Riesenausstattung für Sardous Stück zu amortisieren. Auch dieser kostspielige Versuch schlägt fehl. Was tun? Sardou hat ein im Gymnase aufgeführtes «Don Quijote»-Schauspiel zur großen Féerie umgeschrieben. Offenbach denkt allen Ernstes an die Aufführung. Schwindelerregende Ausstattungsetats werden in seinem Büro durchgerechnet. Mitte Mai 1875 läßt sich die Katastrophe nicht mehr aufhalten, noch verschleiern. Trotz guter Einnahmen aus einer für London geschriebenen Féerie *Wittington and his Chat* muß Offenbach die Gaîté zu einem Bruchteil ihres Wertes an Vizentini verkaufen. Er opfert sein gesamtes Vermögen, verpfändet auf Jahre hinaus seine

Autorenrechte, vermietet die Villa in Etretat, versammelt sein Personal: *Meine Kinder* (Lieblingsanrede Offenbachs für alle seine Theater-Mitarbeiter), *Ihr werdet auf Heller und Pfennig bezahlt. Wenn ich unklug war, so will ich doch Anstand und Ehre in Person bleiben!*

Fast so arm wie bei seiner Ankunft in Paris, nur um einige Jahrzehnte älter, ist Jacques Offenbach nach diesem Bankrott. Er versucht seine Gläubiger abzufinden, das künstlerische Renommee zu retten. Nach der Londoner Revue erscheinen noch fünf Werke im Jahre 1875 – erstaunliche Leistung eines von Krankheit gezeichneten, vorzeitig gealterten Mannes. Offenbach arbeitet ohne Pause, gegen jeden ärztlichen und freundschaftlichen Rat. Das Resultat ist trotz Hast und Überforderung nicht unbeachtlich. Von der Revue *Les Hannetons*, dem als «Walzer» bezeichneten Einakter *Tarte à la Crème* braucht als von verschollenen Gelegenheitsarbeiten nicht gesprochen zu werden. Um so mehr von der als komischer Oper bezeichneten, ausgelassenen *Kreolin* mit ihren komischen Matrosen, Admiralen und Deckoffizieren, die mit Seemusik und von Wiegenlied in ausgelassenste Tanzstimmung umschlagenden Glanznummern wieder echtester Offenbach ist. Der Erfolg, den Anna Judic November 1875 in den Bouffes mit der Titelrolle hat, der sich in Wien mit der Geistinger noch verstärkt, erreicht seinen Höhepunkt erst in den dreißiger Jahren unseres Jahrhunderts «mit Joséphine Baker in der Rolle, für die sie keine Schminke braucht, aber auch ein furioses Können mitbringt»[55].

Knapp einen Monat vor der *Kreolin* ist im Variétés *La Boulangère a des écus* als halber Erfolg in Szene gegangen, ein kleiner Markstein in der Geschichte der Operette, der Offenbachschen zumindest. Vor der Premiere schon ist Hortense Schneider, der die Hauptrolle zugedacht ist, ausgeschieden und durch die jüngere Sängerin Aimée ersetzt worden. Das Buch ist das letzte, das Offenbach mit Meilhac und Halévy als Mitarbeitern vertonen wird, obwohl es zunächst als Beginn einer Serie gemeinsamer Arbeiten gedacht war.

Als großer Publikumserfolg entschädigt noch vor Jahresschluß die vieraktige Opéra-Féerie *Le Voyage dans la Lune* (*Reise auf den Mond*) den Komponisten für so manche Bitternis von 1875. Offenbachs Nachfolger in der Leitung des Gaîté, Vizentini, hat das Stück bei ihm bestellt, eine vielbildrige Revue nach Jules Vernes gleichnamigem Roman. Manches ist mit erstaunlich modernen Augen gesehen: Mondkanone, die die Reisenden auf den Erdtrabanten schießt, Fahrt der Rakete durchs All, Mondrelief mit Vulkanausbruch, Schneeflocken- und Schimären-Ballette. Offenbach schreibt dazu eine routinierte, in einigen Nummern von der Kritik als originell gerühmte Musik... *Offenbach'sche Zukunftsmusik auf Zukunftstechniktext – Na-*

turalismus à la Zola und pseudowissenschaftliche Phantasien à la
Jules Verne... Alles auf der Suche nach neuen Sensationen für das
geliebte Publikum! (Nur die Romanze des Prinzen Caprice, für Zoulma komponiert, ist mir wirklich aus dem Herzen geschrieben. –
Aber wer will schon sentimentale Romanzen in Zeiten des technischen Galopps?) [56]

Mit phantastischer Revue-Fahrt auf den Mond hat der Winter
1875 in der Gaîté geendet. Mit der höchst realen Reise nach Amerika
beginnt für Offenbach das Frühjahr 1876. Ein Jahr zuvor hat ihn
der energische Impresario Bacquero für eine Konzertreise in den neu-
en Kontinent, vor allem zum Besuch der Weltausstellung in Philadelphia und entsprechende Monsterkonzerte auf dem Ausstellungs-
gelände engagiert. Zunächst hält Offenbach alles für einen groß an-
gelegten Bluff. Als die Vorschüsse aber pünktlich eintreffen, muß
er der Realität Rechnung tragen. Eine riesige Begleiterschar gibt ihm
bis Le Havre das Geleit, von wo er am 21. April 1876 auf der «Ca-
nada» nach New York fährt.

OFFENBACH GARDEN

COR BROAD ANT CHERRY STS

SUNDAY EVENING, JUNE 25 TH

AT 8 O'CLOCK P. M.,

GRAND

SACRED

CONCERT

BY

M. OFFENBACH

AND THE

GRAND ORCHESTRA

IN A CHOICE SELECTION OF

SACRED ET CLASSICAL MUSIC

ADMISSION,   50 CENTS

LEDGER JOB PRINT, PR. LAD'

*Plakat des Geistlichen
Sonntags-Konzertes*

«Die Reise auf den Mond». Offenbachs Raketenfahrt
mit seinen drei Librettisten

Sein ein Jahr später veröffentlichtes Reisetagebuch[57] schildert diese Künstlerfahrt in allen Einzelheiten, von der Seekrankheit über den fulminanten Empfang in New York bis in alle damaligen Sonderlichkeiten des amerikanischen Lebens, soweit sie dem Gast aus Übersee auffallen. Die Numerierung der Straßen, die Denkmäler, die «Cars» und andere Verkehrsmittel, der glänzende und, mit Paris verglichen, so anders geartete Standard der Hotels und Restaurants, die Macht der Musikergewerkschaft, Rassenungleichheit, Sitten und Unsitten des Sonn- und Feiertags-Lebens, Reklame, Presse, amerikanisches Theaterwesen – das alles betrachtet und belichtet Offenbach mit der Routine eines geübten Journalisten. Im New Yor-

Offenbach in Amerika. New York, 19. Juni 1876

ker Riesenetablissement Gilmore Garden dirigiert er wochenlang seine populärsten «Schlager» mit einem Orchester von über hundert Mann, dessen Qualitäten zu rühmen er nicht müde wird. Dann kommt die Kreuz- und Querfahrt durch die Staaten und die Serie der Ausstellungskonzerte in Philadelphia. Dazwischen Ausflüge zu Sehenswürdigkeiten, eine Schmierenaufführung der *Jolie Parfumeuse*, die Offenbach in einer höflichkeitshalber nicht genannten Provinzstadt dirigieren muß.

Ein besonderes Kapitel: die kleine Offenbachiade mit dem «Geistlichen Konzert», der einzigen Spielfolge, die an einem Sonntag erlaubt ist. Offenbach schmuggelt in dieses Programm, gut kaschiert durch die «Ave Maria»-Kompositionen Gounods und Schuberts, aus seiner eigenen Produktion nicht nur das Angelus aus der *Verlobung bei der Laterne*, sondern auch so wenig geistliche Nummern wie das «Dis-moi, Vénus» aus der *Helena* und entsprechende Fragmente aus *Orpheus* und der *Großherzogin... Bedauerlicherweise wurde die Genehmigung im letzten Augenblick wieder zurückgezogen. Schade... ich bin überzeugt, daß mein «Sacred Concert» an jenem Abend großen Erfolg gehabt haben würde.*[58]

Fast scheint die Fahrt durch die USA und die Konzertarbeit dort eine kleine Erholung für den durch Zeitwandel, Konkurs und körperliche Leiden schwer mitgenommenen Komponisten gewesen zu sein. Daß er nach allen Ehrungen, die ihm in Hülle und Fülle zuteil werden, doch wieder froh nach Frankreich, zu seiner Familie, in sein geliebtes Paris zurückkehrt, kann nicht verwundern. *Und nun war ich wieder: Offenbach en France!*

ABSCHIED UND SCHWANENGESANG

Offenbachs Amerika-Fahrt war moralisch, künstlerisch und vor allem finanziell ein ausgesprochener Erfolg. Die schweren Verluste, die der Zusammenbruch der Gaîté-Direktion mit sich gebracht hat, sind durch die Einnahmen aus der Riesenarbeit des letzten Jahres, durch die Gewinne der Tournee ausgeglichen. Bis zu seinem Lebensende braucht Offenbach sich seiner wirtschaftlichen Existenz wegen keine Sorgen mehr zu machen, wenn die Gelder aus Tantiemen auch nicht mehr so überreichlich fließen wie zu den Glanzzeiten des Kaiserreichs.

Ist Offenbach nach einer bedeutend angenehmeren Rück- als Hinreise glücklich, wieder mit seiner Familie vereint zu sein, so muß ihm das Heimatgefühl bei seinen Angehörigen jetzt auch die Kraft geben, manches Unliebsame, Schmerzliche, Kränkende in Paris zu ertragen.

Seine auch auf dem Ozeandampfer Passagieren gegenüber offen ausgesprochene Sympathie für das napoleonische System hat einen mitreisenden republikanischen Senator veranlaßt, die ihm nahestehende Presse zu einer Kampagne gegen den «Reaktionär Offenbach» aufzuhetzen. Gegen die Anwürfe, auch antifranzösische Äußerungen getan zu haben, weiß Offenbach sich zu verteidigen. Aber die polizeilichen Ermittlungen, denen er sich unterziehen muß und ein bald darauf folgendes Verbot der *Großherzogin von Gerolstein* zeigen ihm mit aller Deutlichkeit, wie seine Stellung in der Öffentlichkeit, ihr Verhältnis zu seiner Kunst sich grundlegend geändert haben.

Zwar hat eine Wiederaufnahme der *Helena* in den Variétés außergewöhnlichen Erfolg. Im Theater, in den Ballsälen und Café-Concerts singt und pfeift man plötzlich wieder Offenbach-Melodien, tanzt nach seinen Rhythmen. Die Jugend, die seine Glanzjahre nur vom Hörensagen kennt, ist genauso begeistert wie die ältere Generation. Aber der Erfolg und die Unverwüstlichkeit seines früheren Schaffens beweisen Offenbach nur um so deutlicher, daß die neue Produktion nicht annähernd so zündet, wie die Werke der sechziger Jahre es immer noch tun.

Die einaktige Savoyarden-Komödie um das Paar *Pierette et Jacquot* (Offenbachs letzter Einakter, wieder mit einem reizenden Briefcouplet), der sehr volkstümlich gehaltene, teilweise auf der Amerika-Fahrt komponierte Vierakter *La Boîte au Lait*, die «wissenschaftliche» Operette *Le Docteur Ox* nach einem weiteren Roman von Jules Verne, die leise an die *Prinzessin von Trapezunt* anklingende *La Foire de Saint Laurant*, der in spanischem Lokalkolorit angesiedelte *Maître Peronilla* sind nur Durchschnittserfolge für knapp eine Saison; und auch *La Marocaine* erreicht trotz blendender Ausstattung und exotisch-orientalischem Klangkolorit nicht mehr.

Für das Jahr 1878 ist eine neue Weltausstellung, die erste der III. Republik, geplant. Wie die Ausstellungen von 1855 und 1867 als Bestätigungen der napoleonischen Ära gelten können, so soll jetzt die neue Exposition Universelle dem republikanischen System ein Vertrauensvotum in aller Welt verschaffen. Voller Stolz kann die Regierung auf das seit Kriegsende Erreichte blicken. Durch MacMahons Weigerung, einen von reaktionären Gruppen gewünschten Staatsstreich durchzuführen, ist die Republik unter ihrem dritten Präsidenten Gambetta so gestärkt, daß selbst Adel und Reste der napoleonischen Gesellschaft sich mit ihr auszusöhnen scheinen. Eben deshalb hält Offenbach ein eigenes neues Werk bei diesem Anlaß für unumgänglich notwendig; er wünscht dafür Zusammenarbeit mit Meilhac und Halévy. Nach kurzer, erregter Korrespondenz muß er erfahren, daß seine alten Mitarbeiter ihr diesjähriges Ausstellungs-Operettenbuch für seinen Rivalen Alexandre Charles Lecocq geschrieben haben.[59]

Am 1. Mai 1878 wird die Weltausstellung eröffnet. Elektrisches Licht, Personenaufzüge, Edisons Phonograph sind die Sensationen des Ausstellungsgeländes. Der Zuschauerstrom ist dem der Ausstellung von 1867 ebenbürtig, vielleicht sogar noch größer, wenn auch die gekrönten Häupter und ihre Suite diesmal inkognito anreisen. Zum Eröffnungsdatum ist von Offenbach und seinen Produktionen auf Anschlagtafeln und Plakatsäulen nichts zu entdecken. Einige Zeitungen reklamieren wenigstens seinen Namen, seine Werke. Tatsächlich wird denn auch ab Anfang August noch ein Offenbach gespielt. Der neue Direktor der Gaîté, Monsieur Weinschenk, bringt wieder einmal eine Revue-Fassung des *Orpheus* heraus, mit zwei Sensationen: Hervé, der alte Helfer und Konkurrent Offenbachs, spielt den Jupiter und dies unter der Bedingung, daß der Komponist dirigiert. Offenbach steht tatsächlich wieder am Pult, wenn er – aus Gesundheitsrücksichten – allabendlich auch nur den zweiten Akt leiten kann.

In der Gaîté folgen *Die Banditen* als nächste, um Einlagen bereicherte Revuevariation eines älteren Werkes. Die wieder erlaubte *Großherzogin von Gerolstein* – zum erstenmal mit der Schneider im Zuschauerraum, einer jüngeren Kollegin, Paola Mariés, statt ihrer auf der Bühne – wird in den Bouffes, die Offenbachs Schwiegersohn Charles Comte leitet, wieder gespielt.

Es ist ein Zeichen für Offenbachs Routine, Zähigkeit und Theaterinstinkt, daß neben diesen Wiederaufnahmen auch zwei Novitäten beachtliche Erfolge erzielen, daß beide Werke einander im Abstand eines Jahres als Premiere der Folies-Dramatiques folgen. Die am 28. Dezember 1878 uraufgeführte *Madame Favart* ist echte opéra comique, hübsche, auch in neuester Zeit gern wiederaufgeführte Paraphrase über die Beziehungen der berühmten Sängerin zum Marschall von Sachsen, dargeboten mit einem Bouquet von Intrigen und Quiproquos. Die Musik: Stilimitation des 18. Jahrhunderts, mit Tänzen des Rokokos und der Gegenwart, Chansons voller reizender, scheinbar altbekannter Melodien.

Und als letztes Werk, dessen Premiere Offenbach selbst noch erleben darf: Am 13. Dezember 1879 sein Opus 100, der Publikumserfolg *La Fille du Tambour-Major*. Von der Handlung her eigentlich eine Neufassung der «Regimentstochter» Donizettis, nimmt das Stück mit dem Finale der umjubelt in Mailand einziehenden französischen Truppen manches patriotisch überhitzte Schlußbild der großen Pariser Revuetheater vorweg, um in der Musik mit allen Mitteln der «patriotischen Operette» einen sicheren Erfolg zu erzwingen. Mit dem Zitat von Méhuls «Chant du départ» im trommelwirbelnden, fanfarenschmetternden Finale ist das Signal zu frenetischer Begeisterung gegeben. Das Publikum springt applaudierend auf. Offenbach, Verkünder und Bewunderer dessen, was er einst, zur Zeit der Offenbachiade travestiert hat, verklärt die Gloire de France, die Herrlichkeit seines Adoptiv-Vaterlandes!

Vielleicht will der alte Fuchs seinem Pariser Publikum, seinen Widersachern und Konkurrenten nur zeigen, daß er es sehr wohl versteht, mit «unanfechtbaren Mitteln» wieder den großen, stürmischen Publikumserfolg zu erzielen. Möglich auch, daß der nicht unbemittelte, gut situierte Maître nicht nur von den in Amerika erspielten Geldern leben, den ständig hohen Lebensstandard seiner großen Familie auch durch neue Tantiemen erhalten und unterbauen will. Festzustellen bleibt, daß seit der Rückkehr von der Amerika-Tournee Offenbach in seinem Wesen verändert ist. Die Krankheit tut das Ihre. Zu der grausam schmerzhaften Gicht treten Atembeklemmungen, Erstickungsanfälle. Der immer schon magere Mann wirkt ausgezehrt, der Körper wird nur durch das gerade in diesen Jahren wieder unvernünftig gesteigerte Arbeitstempo aufrechterhalten. Dabei hat sich das Vakuum, das seit dem Krieg, stärker noch seit dem Theater-Konkurs Offenbach zu umgeben beginnt, vergrößert. Will der Sechzigjährige nicht aufgeben, sich endgültig zurückziehen, muß er neben den mit Inszenierungs- und Einlagenglanz hergerichteten älteren Werken auch wieder durch neue Erfolge seine Stellung und sich selbst sein Können bestätigen? So schreibt der kranke, im Grunde ruhebedürftige Offenbach mit immer noch leichter Hand Stücke für den Tagesbedarf der Pariser Bühnen. Zum anderen scheinen das Alter und eine Stimmung, der Todesgedanken nicht fremd sind, von ihm zu fordern, den neuen Stil seiner reifen Jahre zu finden.

Was alles er an Kunst und Musik erlebt, klingt als Erinnerung und Gegenwart in ihm auf. Das große Erbe der Kindheit am Rhein, das Elternhaus, die Glockengasse ... Noch einmal reist er nach Köln; aber nichts dort steht mehr am alten Platz. Um so lauter und eindringlicher hört er jenen legendären Walzer, von dem er nur die ersten acht Takte kennt, dem er nachreist wie einer Fata Morgana, und als der Schöpfer endlich gefunden ist, läßt ihm der Sterbende die gesuchte Komposition als Vermächtnis.[60]

Gespenstisch wie diese Walzermelodie taucht jetzt auch die französische Opernmusik der Cellistenjahre in seinem Gedächtnis auf, spukhaft die Dirigentenzeit in der Comédie. Er hört die Melodien seiner Einakter, Volksweisen diesseits und jenseits des Rheins, Rhythmen seiner Tänze elektrisieren noch einmal die schnell schreibende

Hand. Klänge, Musik vernimmt er wie nie zuvor. Fast vergißt er
darüber den Tag und was er für ihn schreibt... Der Öffentlichkeit
entschwindet er und überläßt häusliche Gesellkeit seiner Frau Herminie, den Kindern und Schwiegersöhnen. Beim Festessen nach der
100. Aufführung seines 100. Werkes, der *Fille du Tambour-Major*,
spielt das Orchester huldigend eine Offenbach-Quadrille; aber er er-
kennt die Weisen aus seiner Feder nicht mehr, so sehr beschäftigt
ihn das kommende, die End-Arbeit, für die es alle Kräfte zu sammeln gilt.

Und wie von selbst finden sich die Gestalten, das Buch, der Text
für das merkwürdig ernste und doch ganz seiner Art und seinem
Wesen entsprechende Alterswerk. Seit Kindertagen haben ihn Erzählungen, Gestalten des deutschen Dichters Hoffmann fasziniert.
Nie haben sie ihn verlassen, auch und gerade in Frankreich nicht,
wo der seltsame preußische Kammergerichtsrat den Literaten, den
Leuten vom Bau, aber auch dem breiten Publikum viel vertrauter
ist als in der deutschen Heimat.[61]

So schweifen die Gedanken zurück, auch zu einem Abend im Théâtre de l'Odéon. Man schreibt das Jahr 1851, ein Stück wird aufgeführt, dessen Hauptperson der Dichter Ernst Theodor Amadeus Hoffmann ist. Jules Barbier und Michel Carré[62] sind die Verfasser der
«Contes d'Hoffmann», von denen ein Kritiker meint, sie ließen sich
ohne Mühe zu einer komischen Oper umschreiben. Auch Offenbach, vielleicht der begeistertste Zuschauer dieses Abends, bestärkt
das Autorenpaar in dieser Meinung. Dann verliert er – mit den
Bouffes, den Offenbachiaden – Dichter, Stück, Gestalten aus den
Augen, dem Gedächtnis. Jetzt, heimgekehrt von der Amerika-Fahrt,
kommt alles ihm wieder in den Sinn. Er erfährt, daß inzwischen
längst das Opernbuch vorliegt, das Recht der Vertonung allerdings
ein anderer besitzt. Seit langem arbeitet Hector Salomon an ihr.

Es bleibt unbekannt, was Offenbach bei seinem Kollegen vorbringt,
um das begehrte Buch frei zu bekommen. Er erreicht den Verzicht,
stürzt sich in die Arbeit. Sie sind ihm ja bekannt, die Erzählungen,
die Novellen Hoffmanns, aus denen Barbier und Carré ihre Handlung, ihre Figuren geschöpft: Die Begegnung des Dichters mit der
Primadonna im «Don Juan», das Abenteuer, das ihn aus dem Wein-
lokal in die Garderobe der Künstlerin führt, die singend einem
Herzleiden erliegt; die Erzählung vom «Goldenen Topf» mit dem
diabolischen Gegenspieler Lindorf, die «Serapionsbrüder» bei Lutter
und Wegener in Berlin, der «Sandmann» mit der Puppe Olympia,
Coppelius und Spalanzani; Dapertutto, Giulietta und Schlemihl aus
dem «Abenteuer einer Sylvesternacht», der Doktor, Antonia und ihr
Vater im «Rat Crespel», die Nebenfiguren aus «Klein-Zaches», «Si-

1876

gnor Formica». Jetzt lassen sie Musik in ihm aufklingen, alle Musik seines wandlungsvollen, ereignisreichen, enttäuschenden Lebens. Er wird, er kann sie musikalisch darstellen! Mit jeder einzelnen der Gestalten wird er sich identifizieren, mit ihrem Dichter vor allem, der Hauptperson des Stückes, dem er sich als Gestalter, als Musiker, als Mensch so nahe fühlt.

Nichts gibt es nachzudenken über Form, über Wort-Ton-Problem, nichts wird anders sein als in seinem bisherigen Schaffen. Wie von selbst scheint alles sich zu fügen, nur tiefer, seltsamer erregt ihn dieser Stoff als alles, was vorher ihm begegnet ist. So vertont dieser vom Tode schon Gezeichnete, der selber einer phantastischen Erzählung Hoffmanns entsprungen scheint, die Lebens- und Liebesbeichte dieses seines Dichters.

Aufgewühlt durch die Wiederbegegnung mit Stella, der Mozart-Sängerin, schwingt der in der Kneipe zechende Poet sich über die groteske Gnomen-Legende von Klein-Zaches zur Schilderung der Schönheit seiner Geliebten auf. Seiner Geliebten? Sind es nicht drei Frauen, die er angebetet, verherrlicht und – entlarvt hat. Oder war es ein und dieselbe in immer verschiedener Gestalt, so wie ihn die Begegnung mit Rat Lindorf an die Wiederkehr des nur anders maskierten, im Grunde stets gleichen Widersachers erinnert? Aus der Rückschau, in traumhafter Erzählung werden die Bilder wiedererstehen. Der Name der ersten war Olympia.

Noch einmal im Phantasiebild dieser Puppenliebe kann Offenbach, auf die höchste Ebene der Opernform projiziert, allen Spott über die makabre Hautevolée seiner und aller Zeiten ausschütten, alle Unart sinnlos gewordener Opernpathetik travestieren. Im physikalischen Kabinett des Professors Spalanzani wird er Unnatur (Pakt Spalanzanis mit Widersacher Coppelius), romantische Verstiegenheit (rosa Brille und hinschmelzende Romanzen-Liebe Hoffmanns), puppenhaftes Liebesgeschnatter (Olympia-Walzer), Leerlauf gesellschaftlicher Tanzetikette, Vornehmtuerei, die sich schließlich selbst verhöhnt («Ha, ha, ha, das ist geraten, er liebt einen Automaten»), klingend zeichnen und lachend entlarven.

Auch jene andere Welt des großen erotischen Luxusbetriebs wird in einem Nachtbild mit falschen Liebesworten ein letztes Mal schwelgerisch gemalt. Um Schatten, Spiegelbilder, Seelen, die der Widersacher Dapertutto an sich reißt, verkauft, verschenkt, geht es auf der venezianischen Insel Giuliettas. Ihr Liebespalast, umrauscht und umwoben von nächtlichem Geflüster, traumhaften Barcarole-Klängen, entlarvt sich als Menschenfalle, aus der – um Illusionen ärmer – der Dichter flieht, um in Rat Crespels Haus in die schlimmste Liebes- und Lebensenttäuschung verstrickt zu werden.

Antonia, die Sängerin, mit krankem, leidendem Herzen zwischen Leben und Tod, Liebe und Kunst gestellt, wählt den kurzen Traum von Künstlerruhm, stirbt an ihrem Gesang, von der Geisterstimme der Mutter, dem Zauber des ewigen Widersachers, Doktor Mirakel, und eigenem hysterischem Ehrgeiz verführt (Offenbachs Musik wird den Ruf der Mutter, die Todesgesänge Antonias und alle Dämonie des mit seinen Medizinflaschen klappernden Doktor Mirakel im erschütternden Gipfelstück dieser Oper vereinen).

Wie anders kann das Nachspiel enden als mit dem als Dichter siegenden, als Liebenden verlierenden Hoffmann? Der leichtfertigsten Verführerin, der Kurtisane Giulietta zu Ehren singt er die letzte Strophe des Liedes von Klein-Zaches, um dann in den Armen der Zecher und denen seiner Muse auf Liebe, Glück und Qual Verzicht zu leisten.

In Fieberschauern schreibt Offenbach die Partitur dieser Oper, nein, den Klavierauszug, in dem er alle Instrumentationswünsche mit sonst nicht gekannter Genauigkeit vermerkt. Was er in den letzten drei Jahren seines Lebens unternimmt, ist von der Sorge um dieses Werk getragen. Persönlicher Kummer um das Leiden des einzigen Sohnes, das auch diesen jungen Offenbach zu einem Sterbenden macht, um die unheilbare Krankheit, der Bruder Jules verfällt – alles das scheint nur die Intensität von Jacques' Arbeit zu steigern, läßt den Doktor Mirakel zu einer überlebensgroßen Figur werden, angsterregend, erschreckend real. Wie denn überhaupt ein neuer musikalischer Realismus (ähnlich dem in der von Offenbach so sehr bewunderten «Carmen») bei diesem Werk Pate gestanden hat.

Beeilen Sie sich, mein Stück herauszubringen, mir bleibt nicht mehr viel Zeit, und ich möchte unbedingt die Premiere sehen.[63] Diese und ähnliche Äußerungen zeigen, mit welch verbissener Energie Offenbach an diesem Werk arbeitet, während die Ärzte seinen Zustand mehr und mehr als hoffnungslos ansehen. Am 18. Mai 1879 findet in der neuen Offenbachschen Wohnung am Boulevard des Capucines, mitten im Zentrum von Paris, eines der berühmten Hauskonzerte statt. Es ist ausschließlich dem noch unfertigen *Hoffmann* gewidmet. Fragmente erklingen; Sänger der Opernhäuser tragen mit einem Hauschor, von Vizentini rasch zusammengestellt, einige Hauptstücke des Werkes vor.

Die Zeitungen berichten darüber wie nach einer Premiere, und Offenbach entscheidet, daß in der Pariser Komischen Oper die Uraufführung stattfinden soll. Ein einziges Mal will er an dieser immer wieder von ihm erstrebten Kunststätte den vollen großen Erfolg seiner Arbeit erleben.

Der eisige Winter 1879/80 tut das Seine, Offenbachs Zustand zu verschlimmern. In Pelze gehüllt, tagelang von heißem Grog mit Branntwein lebend, verbringt er nicht nur den Winter, sondern auch die Sommermonate des Jahres 1880. Etretat und seine Villa Orpheus muß er des Meeresklimas wegen meiden. So sitzt er während der Hundstagshitze in einem Hotel in St. Germain, dem Pavillon Henri IV. Wie zufällig finden sich hier auch Albert Wolff, der Jugendfreund, Ludovic und Henri, die Mitarbeiter vieler Jahre, vieler Werke, ein. Sie treffen einen jeder Lebenskraft beraubten, schwer leidenden Offenbach, der nur den einen Gedanken hat, *Hoffmann* zu vollenden – und, ganz nebenbei, in Eile, auch die dem Renaissance-Theater versprochene Musiquette *La Belle Lurette* zu Papier bringt.

Im September kehrt Offenbach in die Stadtwohnung zurück. Obwohl weder Klavierauszug, geschweige die Partitur fertig vorliegen, treibt er den Direktor der Comique zur Eile. Die Besetzung ist nach Offenbachs Wünschen vorgenommen, die Proben haben begonnen. Ende des Monats transportiert man den Fiebernden ins Foyer des Theaters. Eine große Probe wird arrangiert, Offenbach hört den Puppenakt, Antonias Todeslied, Teile des Vor- und Nachspiels, die Legende von Klein-Zack. Nach Hause zurückgekehrt, korrigiert er ununterbrochen am Klavierauszug der Oper. Schon einige Tage später kann er das Bett nicht mehr verlassen. Er arbeitet weiter, verkündet seinen Angehörigen am 4. Oktober, daß der Klavierauszug mit allen Instrumentationsangaben fertiggestellt ist. Das Manuskript nicht aus der Hand lassend, wird er von einem furchtbaren Erstickungsanfall gepeinigt. Er ist sich klar, daß das Ende bevorsteht. Am Morgen des 5. Oktober 1880, gegen vier Uhr früh, hat er den letzten Atemzug getan. Bekannt ist die Äußerung seines alten Komikers Leonce, des Pluto in allen *Orpheus*-Variationen, der ihn am frühen Morgen besuchen will. Als er erfährt, daß Offenbach vor wenigen Stunden gestorben ist, meint er: «Wie wird er sich wundern, wenn er erst merkt, was geschehen ist!»

Aus den Händen der Angehörigen empfängt Ernest Guiraud den Klavierauszug. Er besorgt die Orchestrierung nach Angaben des Verstorbenen, in genauer Kenntnis Offenbachscher Schreibweise und fügt wohl auch ein oder das andere Stück aus Offenbachs früherer und nachgelassener Produktion ein. Er bringt das Opfer, seine eigene Oper «Galante Aventure» zugunsten der Offenbach-Premiere auf einen späteren Termin verschieben zu lassen. Die Partitur liefert er zu dem aus dem Klavierauszug bereits studierten Werk nach, entledigt sich der Aufgabe immerhin so geschickt, daß in seiner Fassung das postume Werk, trotz aller Zwischenfälle, aller Katastrophen der ersten 25 Jahre seiner Existenz, sich als Welterfolg durchsetzen kann.

Vor der Uraufführung in der Comique erlebt Paris, wenige Wochen nach des Komponisten Tod, im Renaissance-Theater noch sein letztes Unterhaltungsstück *La Belle Lurette*. Die buffoneske Geschichte des zur Herzogin aufsteigenden Wäschermädchens wird in unserer Zeit als Theater- wie als Filmsujet wiederentdeckt werden. Noch einmal eine pikante, melodiöse Musiquette, bei der nur das Rätsel bleibt, wie so viel einfallsreiche Heiterkeit im Krankenzimmer, auf dem Sterbelager entstehen kann.

Am 10. Februar 1881 findet, als gesellschaftliches Ereignis, mit allem Glanz, den Paris solchem Abend geben kann, die Uraufführung von *Hoffmanns Erzählungen* statt. An ihr nehmen auch Repräsentanten der republikanischen Regierung, allen voran Ministerpräsident Jules Ferry teil, ein erstes Zeichen dafür, daß der neue französische Staat sich mit Offenbach und seiner Kunst auszusöhnen beginnt. Bis zur letzten Stunde wird – wie zu Lebzeiten Offenbachs – studiert, gestrichen, umgestellt. Ein ganzes Bild, der Giulietta-Akt, fällt der falschen Befürchtung, das Werk könne zu lang sein, zum Opfer. Um die aus den *Rheinnixen* übernommene Barcarole als venezianisches Gondellied zu retten, wird der Antonia-Akt nach Venedig verlegt und von dem seitdem weltberühmten Stück umrahmt. Ein schwächeres Werk hätte solche Verstümmelung mit Erfolglosigkeit gebüßt. *Hoffmanns Erzählungen* sind selbst in der Entstellung ein triumphaler Erfolg. Herminie, des Komponisten Witwe, wird von dem sich nach jedem Vorhang, jeder Musiknummer steigernden Applaus durch die zu ihr in die Wohnung eilenden Freunde unterrichtet. Nach Schluß der Aufführung kann man ihr sagen, daß die Zuschauer von ihren Sitzen aufgesprungen sind, um Werk und Komponisten eine in der Comique selten erlebte einmütige Huldigung darzubringen.[64]

Vier Monate vor diesem Triumph, am Vormittag des 7. Oktober 1880, hat man die sterblichen Reste Offenbachs beigesetzt. In Paris, das er wie keinen anderen Ort auf Erden geliebt hat, das sich an diesem Tag kalt und grau wie vor 47 Jahren zeigt, als Jacques, ein halbwüchsiger Bursche, mit Vater und Bruder hier angekommen ist. Über den Boulevard des Capucines geht der Trauerzug – Kränze aus allen Theatern Europas und Amerikas, in denen Offenbachs Werke gespielt werden, Kränze der Pariser Bühnen, Autoren und Bühnenkünstler. Von berühmten Schriftstellern und Musikern wird der Sarg zur Kirche Sainte Madeleine geleitet, wo die Totenmesse stattfinden soll. Vor und in der Kirche wird das Gedränge der Neugierigen, auch der Touristen so stark, daß Angehörige und Freunde der Zeremonie nur im Vorraum beiwohnen können. Auch hier entgeht ihnen nicht der Gesang der Pariser Opernsänger, auch hier hören sie

«Hoffmanns Erzählungen». Szenenbilder der Pariser Uraufführung, 1881

Die Kirche Sainte Madeleine, Paris

die Orgel *Fortunios Lied* als letzten Gruß an den Toten spielen. Weiter geht der Zug durch den Regen. Über die Boulevards, an den Theatern Offenbachs, am Conservatoire, der Opéra-Comique, an allen Stationen seines Lebens vorbei. Der Regen vertreibt die Neugierigen. Nur die Angehörigen, die Schriftsteller und Komponisten folgen dem Sarg bis zum Montmartre-Friedhof. Mit ihnen eine schwarz gekleidete, tief verschleierte Frau: Hortense Schneider.

Sie gibt auch der Feier, die der «Figaro» dem Dahingegangenen am 18. November 1880 bereitet, noch einmal das Gepräge. Im Théâtre des Variétés wird eine Offenbach-Büste enthüllt, neben der «La Snédèr» sich als *Périchole* zeigt, um zusammen mit dem Komiker Leonce, ihrem Partner Dupuis und – diesmal ohne Intrige und Berufsneid – mit ihren Kolleginnen, der Théo und Zoulma Bouffar, Couplets und Duette aus *Violoneux* (ihrem Debut in der Bretterbude der ersten Bouffes) zu singen, Szenen aus *Périchole* und *Pariser Leben* lebendig werden zu lassen. Von Henri Meilhac stammen die Verse, die Delaunay, derselbe Delaunay, der einst zu Offenbachs Entsetzen in der Comédie *Fortunios Lied* nicht singen konnte, nun als Huldigung für Meister Offenbach spricht.[65]

Die jetzt in der Halle des Variétés sich um die Büste des Toten drängen, wissen sie, wen sie betrauern, wessen Lied sie singen? Ist es nur ein Theaterleiter, der Sängerinnen und Schauspieler entdeckt und geführt, ihnen Melodien in den Mund gelegt, witzige Szenen vertont hat? Ein Zeitkritiker, ein immer wieder verkannter Lyriker? Musiker der Parodie, des Rausches, der rasenden Finalesteigerungen? Sieht nicht jeder der Anwesenden etwas anderes in Offenbach, dessen Wesen und Wirkung schon zu Lebzeiten, um wieviel mehr jetzt, da er von ihnen gegangen, so schwer zu enträtseln, zu deuten ist?

NACHKLANG UND ERBE

Den «Schöpfer der Operette» hat die Nachwelt, die Musik- und Theatergeschichte Offenbach genannt. Seltsam, denn weder hat Offenbach die Operette geschaffen, noch hat er seine wichtigsten Werke mit dieser Bezeichnung charakterisiert. Als Wort dem 17. Jahrhundert entstammend, als Begriff fast so alt wie die Musikbühne selbst, ist die Bezeichnung Operette erst nachträglich den Meisterwerken Offenbachs aus den sechziger Jahren des vorigen Jahrhunderts zugeteilt worden. Der Komponist selbst hat diese Stücke «opéra-bouffe» genannt. Musikkritik und Literaturwissenschaft haben in Ermangelung eines zutreffenden Etiketts eine eigene Bezeichnung geschaffen und die Werke zwischen *Orpheus* und der *Großherzogin*, *Helena* und den *Banditen* als «Offenbachiaden» charakterisiert. Unnütz, über die Benennung zu streiten, denn wer seit Offenbachs Zeiten Operetten schreibt, beruft sich auf ihn als Ausgangspunkt, er glaubt, wie immer sein Werk im einzelnen aussieht und was es bietet, ein Nachfahre Jacques Offenbachs zu sein. Und die moderne dreiaktige Bühnenform, die sich bis in die Gegenwart Operette nennt, hat Offenbach mit seinen Offenbachiaden tatsächlich aus Vorhandenem (opera buffa, théâtre de la foire, vaudeville, opéra-comique, ballad-opera, Singspiel und Wiener Posse) und Eigenem geschaffen.

Will man die Offenbachiade, die große Offenbachsche Operette also, nach Inhalt, Form und Bedeutung erklären, darf man vor allem ihre Doppel-, ihre Vieldeutigkeit nicht außer acht lassen. Keine der großen Offenbachiaden ist aus einer eindeutigen künstlerischen, menschlichen, politischen Gesinnung und Tendenz zu erklären. In der Mehrdeutigkeit, Vielgesichtigkeit liegt ihr Reiz, ihre Wirkung und wahrscheinlich ihre Zukunftsmöglichkeit. Komische Opern kleinen Formats gibt es in allen Ländern. Offenbach hat sie gekannt, in ihren Formen sich erprobt. Selbst neben und nach den Offenbachiaden hat er Einakter, Vaudevilles, komische Opern geschrieben, die im Grunde mit den Werken aus den sechziger Jahren nichts zu tun ha-

«Orpheus in der Unterwelt». Pariser Aufführung, 1874

ben. Denn neben der Heiterkeit, neben Komik und Humor sind
Zeitkritik, Kritik der gesellschaftlichen und künstlerischen Erscheinungen ihrer Entstehungszeit Hauptmerkmale der Offenbachiaden.
Von hier aus ist ihre unvergleichliche Wirkung auf die Zeitgenossen, die lebendige Kraft, die sie auch heute über alle Zeitunterschie-
de hinweg ausstrahlen, zu verstehen.

Als Offenbach sich endgültig klar darüber wird, zum Opernkomponisten berufen zu sein, ist die heitere Oper, lustig, einfallsreich,
ohne Langeweile vor allem, «le genre primitif et gai», heimatlos
geworden. In der Comique werden «kleine Große Opern» fabriziert,
die auch schon unter den Einfluß der alles beherrschenden Meyer-
beer-Mode geraten sind. So gilt es, gegen die Geschmacksdiktatur
dieser Großen Oper anzukämpfen. Fast in jedem seiner Einakter
schreibt Offenbach nun also komische Imitationen, Karikaturen, Persiflagen der «Opernkunst auf hohem Kothurn». Selten pflegt er sich
nur über ein einzelnes bestimmtes Werk lustig zu machen – er läßt

vielmehr die ganze Gattung in Andeutungen komische Revue passieren.

Die heldischen Gesänge, martialischen Rezitative und Chöre, die Fanfaren, Koloraturen und Schlußfloskeln der modischen Opernform sind dem Publikum bekannt. So kann er mit seinen Karikaturen der Ausstattungs- und Primadonnen-Oper auf breites Verständnis rechnen. Und die große offizielle Kunst seiner wie jeder Zeit ist ja auch Abbild, Reflex der Gesellschaft, für die sie wirkt, der staatlichen Institutionen, in denen sie gedeiht. So durchdringen Kunst- und Gesellschaftskritik einander wie von selbst.

Spottvogel Offenbach, Kölner Karnevalsspäße und jüdische Witz-Weisheit aus Kindertagen noch im Ohr, rückt mit seinen musikalischen Persiflagen allem hohlen Pathos, allen schwülstigen Opernphrasen zuleibe, verschont mit seinem heiter-ernsten Ulk auch das moderne Pariser Gesellschaftsleben nicht. Seit dem *Orpheus* gleicht diese zwiefache Parodie einer geschickt mit Opernemblemen kaschierten politischen Kritik.

In vielerlei Formen bietet diese entlarvende Heiterkeit sich dar. Sie muß, um Interesse zu wecken, immer wieder durch Neuartigkeit überraschen. Ein ganzer Katalog der angewandten Mittel musikalisch-szenischer Persiflage läßt sich aufstellen, um nur die wichtigsten Arten von Offenbachs Karikatur zu nennen. Da ist die komische Abwandlung und Variierung der karikierten Vorlagen, die Überbetonung allzu bekannter pathetischer Phrasen. Daneben das Mittel des Stilkontrastes, etwa die plötzliche, übergangslose Ablösung hochpathetischer Gesänge durch Vorstadt-Tanzrefrains, die sinnlose Beschleunigung langsam begonnener, tragischer Partien, Textwiederholung und Koloraturvirtuosität bis zur Sinnlosigkeit getrieben.

Häufig werden Text und Musik konstrastiert (tragische Handlung, dazu komisch-tänzerische Musik, oder umgekehrt), dramaturgische Betrachtung wird mitgesungen («ich werde, wie dies in der Oper sich gehört, dich jetzt verstoßen!»). Eine Pikanterie für sich ist die Desavouierung geschraubter Texte durch banale Musik, oder die Umkehrung: dramatische Tremolos und wuchtige Orchesterschläge zu alltäglicher, nichtssagender Poesie, die plötzliche groteske Beendigung des Gesangs, der nur noch durch pantomimische Gesten komisch angedeutet wird. Häufig und beliebt sind auch die Überpointierung gleichgültigster Finale-Floskeln, die witzige Entstellung und Zerlegung von Textworten und musikalischer Themen. Ein Kraftstück besonderer Art besteht darin, typische Götter- und Heldengesänge von volkstümlichen Typen aus Werkstatt und Markthalle interpretieren zu lassen und damit aufs einfachste Opern- und Gesellschaftskritik zu verbinden.

Die Karikatur künstlerischer und sozialer Gegebenheiten, in deren ständiger Variation Offenbach Meister wird, die er immer selbstverständlicher aus Handlung, Text und Musik der Werke entwickelt, ist eines der Grundelemente seiner Kunst. Von den ersten Einaktern an begleitet sie sein Schaffen ständig, erreicht in den Offenbachiaden Höhepunkte feiner und drastischer musikdramatischer Komik, verschwindet auch in der Nachkriegsproduktion der siebziger Jahre nicht. Allerdings wandelt sie sich grundlegend. Aus Kritik wird historische Imitation und Reflexion. Musik-Stile früherer Zeiten werden nachgeahmt, wohl auch leicht parodiert. «Musique du temps jadis» in ihrer zeitgerechten Spiegelung und Deutung tritt an die Stelle der Sitten- und Opern-Travestie, manches Mal – selbst im Puppenakt von *Hoffmanns Erzählungen* – auch dann nicht ihren ironisch-humorigen Geist verleugnend.[66]

Zum Unterschied von den meisten späteren Operetten-Büchern und -Partituren ist Persiflage, Travestie, Karikatur ein Wesensbestandteil Offenbachschen Schaffens. Selbst in der historischen und historisierenden Maske ist sie unverkennbar, ein ebenso starkes Kennzeichen seiner Komposition wie die Melodie. Von ihr begleitet – *eine Melodie auf den Lippen und an der Spitze meiner Feder* – hat er immer sich den Tod gewünscht.

Und seine M e l o d i e sagt neben dem geistreich-ironischen Zug seiner Karikatur am meisten über die Art seiner Arbeit, seines Künstlertums aus. Melodische Erfindung hat ihn in keiner Phase musikdramatischen Schaffens je verlassen. Knapp, einfach, oft aus einem einzigen Takt mit wenigen Intervallschritten, oft aus zweitaktigen, in Sequenzen wiederholten Tonfolgen die musikalischen Themen entwickelnd, hat Offenbachs Melodie immer den «Schein des Bekannten» für sich. Trotzdem unverwechselbar, ist sie eingebettet in französische Sprach- und Couplet-Rhythmik, die ihr die prickelnde, pariserische Wirkung gibt.

Einfach und für jedermann faßlich, wird sie von einer H a r m o n i e untermalt, die kaum Extravaganzen kennt und sich meist im Tonika-Dominant-Wechsel erschöpft. Nur wo dramatische Situation es erfordert, zeigt Offenbach, daß ihm Klang- und Akkordzauber nichts Fremdes ist. Aber lang hingezogene Orgelpunkte, häufig angewandter Basso ostinato, unaufgelöste Septimen, die in die Dreiklangsauflösung hineinklingen, der sogar von Berlioz beanstandete Dauerwechsel von Dur und Moll: damit ist das harmonisch ausgefallenste und abseitigste in Offenbachs «genre canaille» genannt.

Einfacher noch als die Harmonie Offenbachs zeigt sich seine I n s t r u m e n t a t i o n. Räumliche Enge des ersten Bouffes-Hauses mag für Offenbach eine Erziehung zu äußerster instrumentaler Sparsam-

Der Cellist Offenbach. Karikatur von Nadar

keit gewesen sein. Um so erstaunlicher die Imitations-Effekte, die
er je nach Handlung und Text mit kleinstem Orchester zu erzielen
weiß.

Harmonische und instrumentale Einfachheit vergessen lassend,
der Melodik und Karikatur ebenbürtig ist Offenbachs R h y t h m u s.
Die Vielfalt seiner tänzerischen Gestaltung läßt eine ganze Welt
der bewegten und bewegenden Formen für Auge, Ohr und Körper-
impuls entstehen. Das Stück Pariser Entwicklung, das Offenbach mit-
erlebt, ist – neben und mit seinen sozialen, technischen und politischen Sensationen – ein Stück Tanzgeschichte wie kaum eine andere
Zeit. Vom Juste Milieu bis zum Zweiten Kaiserreich ... «es ist eine
öffentliche tanzende Welt, wie sie bisher unerhört war und niemals
wiederkommen wird ... Um die Tänzer jeden Standes sammeln sich
Dichter und Maler, die hier ihre Zerstreuung, Anregung, Emotion
finden: die Wiege der neuen Bohème-Kunst. Es fließt das Material
für die Feuilletons, für die Lithographien, Typen steigen in schar-
fer Silhouette auf ... der Cancan rast in dieser Zeit über die Bals

publics, eine tolle Mode ... die allerletzte der sinnlichen Rasereien, die der Tanz erlebte ...»[67]

Hier, im Bewegungs-Rhythmus der Massen, im Tanzbild, der Tanzraserei seiner Zeit findet Offenbach neben der ihm unaufhörlich zuströmenden Melodie, neben seiner karikierenden Spottlust das dritte Element der Offenbachiade: den Rausch des Tanzes, der tänzerischen Finalesteigerungen.

Keine neuen Tanzformen braucht er zu erfinden. Einfach, volkstümlich wie seine Melodien ist auch das rhythmische Material: 2/4-Takt, vom liebenswürdig tänzelnden Allegretto bis zur scharfen Galopade, der dem schunkelnden Karnevalsgesang so nahe 6/8-Tanz, der oft mit karikiertem Meyerbeer-Pathos geladene 4/4-Marsch, Walzer Pariser und Wiener Spielart, Tyrolienne, italienische und spanische Figuren, das sind die Grundtypen für sein unerschöpfliches Tanzrepertoire. Und die Quadrille, die die Bälle der Zeit beherrscht, dient mit ihren Touren auch Offenbach als Form für den Aufbau ganzer Akte und Stücke.

Aber wie er sich das Tanzmaterial einer bewegungstrunkenen Zeit aneignet, das läßt in seinen Werken ein Stück Paris des 19. Jahrhunderts lebendig werden und bleiben. Die Art, wie er den Cancan künstlerisch bändigt und formt, zu seiner endgültigen Bühnenform erhebt, gibt diesem verlästerten Tanz erst die gleiche Bedeutung für die Ära des Zweiten Kaiserreichs, wie das Menuett sie für die Zeit des Sonnenkönigs beanspruchen kann, wie der Lanner–Strauß'sche Walzer mit dem kaiserlichen Wien des 19. Jahrhunderts verbunden bleibt.

Bewegung, Tanz, Rhythmus dringen schließlich beherrschend und bestimmend in alle Elemente und Teile der Offenbachschen Komposition ein, ergreifen auch das Couplet, das immer und überall den Kern seiner Operetten-Komposition bildet. Dieses in seiner Melodie einfach-einprägsame, in Harmonie und Instrumentation auf unbedingte Textverständlichkeit angelegte Couplet, durch den Rhythmus tänzerisch beschwingt, wird auch zur Grundlage seiner Ensembles und Finales. Alle auf der Bühne anwesenden Personen stimmen in den Refrain des Solosängers ein, in ihrer unterschiedlichen Art, ihrer Tonlage, nach ihrem Charakter, so daß im Finale schließlich ein Tanz der Stimmkontraste, der immer schnelleren Text-Nebeneinanderstellungen beginnt, eine weise Sinnlosigkeit, eine neue Logik des Unlogischen, Aufhebung der Erdenwirklichkeit zugunsten heiterster künstlerischer Unvernunft.

Darin sieht Karl Kraus die eigentliche schöpferische Tat Offenbachs: daß Offenbach die Welt der Realität, des viel zu ernst genommenen Alltags aufgehoben und sie in seinem Werk durch eine bessere schöpferische Irrealität ersetzt hat. Überblickt man das Gesamtwerk Offenbachs, möchte man Karl Kraus recht geben. Denn außer dem Spätwerk *Hoffmann* – nicht sein wesentlichstes und wichtigstes, mit seinen tragischen Aspekten aber für das Abgründige in diesem Künstler sprechend – hat er in hundert Werken für die Welt der Bühne nur Heiteres geschaffen. Oft genug hat er es einem enttäuschenden, schmerz- und qualvollen Leben abgerungen, ohne wie andere Zeitgenossen ähnlichen Metiers viel Aufhebens von seinem persönlichen Schicksal zu machen. Daß diese Heiterkeit Offenbachs, die den Büchern seiner gewiß tüchtigen und schlagfertigen Librettisten erst den eigentlichen Reiz verleiht, immer wieder als Frivolität, Gehässigkeit und destruktive Bösartigkeit mißdeutet worden ist, daß er in unserem Jahrhundert über ein Jahrzehnt als «rassisch minderwertig» und «künstlerisch entartet» verboten werden konnte, gehört wahrscheinlich ebenso zu seinem Bild und Schicksal wie die Anschuldigungen und Mißverständnisse während und nach dem Krieg von 1870/71.[68]

Heiterkeit, Laune und Humor, auch in der Parodie und Karikatur ist Charakteristikum aller Offenbachschen Kunst. Und wenn er von manchem seiner Kritiker als das «musikalische Witzblatt des Zweiten Kaiserreichs» abgetan worden ist, so enthält diese Bösartigkeit doch auch einen Anhalt für seine objektive Beurteilung. Denn nirgends, an keiner Stelle, in keiner der großen Offenbachiaden wird der Weg der Travestie und Karikatur konsequent zu Ende gegangen. Nie wird das Objekt des Spottes und der Ironie wirklich entthront, seines Nimbus und falschen Glanzes entkleidet. Vor solcher Konsequenz bewahrt Offenbach sein Humor, sein Lebenshunger, seine Heiterkeit. Wenn der gefährliche Moment sich naht, da das Spiel zur unausweichlichen Konsequenz führen müßte oder könnte, wechselt alle Kritik, alle Karikatur in Tanz und Freude, in rauschhaften Lebensgenuß. Tanz hebt die Karikatur auf, die Stimmung schlägt aus kritischer Verhöhnung, attackierender Persiflage in bedingungslose Lebensbejahung, tänzerische Apotheose um.

Vielleicht liegt hier der Grund für die Wirkung Offenbachs, die die Zeiten überdauert und auch von keiner politischen Gegnerschaft beeinträchtigt werden kann. Wahrscheinlich ist in diesem D u a l i s m u s seines Wesens auch seine Wirkung gerade auf die Menschen des ausgehenden 20. Jahrhunderts begründet. Vereint dieser in Paris heimisch gewordene Kölner Jude nicht alle die Züge, die über Abgründe des Andersseins den Menschen der Gegenwart mit Offenbach und seiner Offenbachiade verbinden? Ist s k e p t i s c h e r O p t i m i s m u s, wie er ihn vorbildlich besitzt und praktiziert, ist lachende Entschleierung und Ironisierung aller romantischen Schein-

147

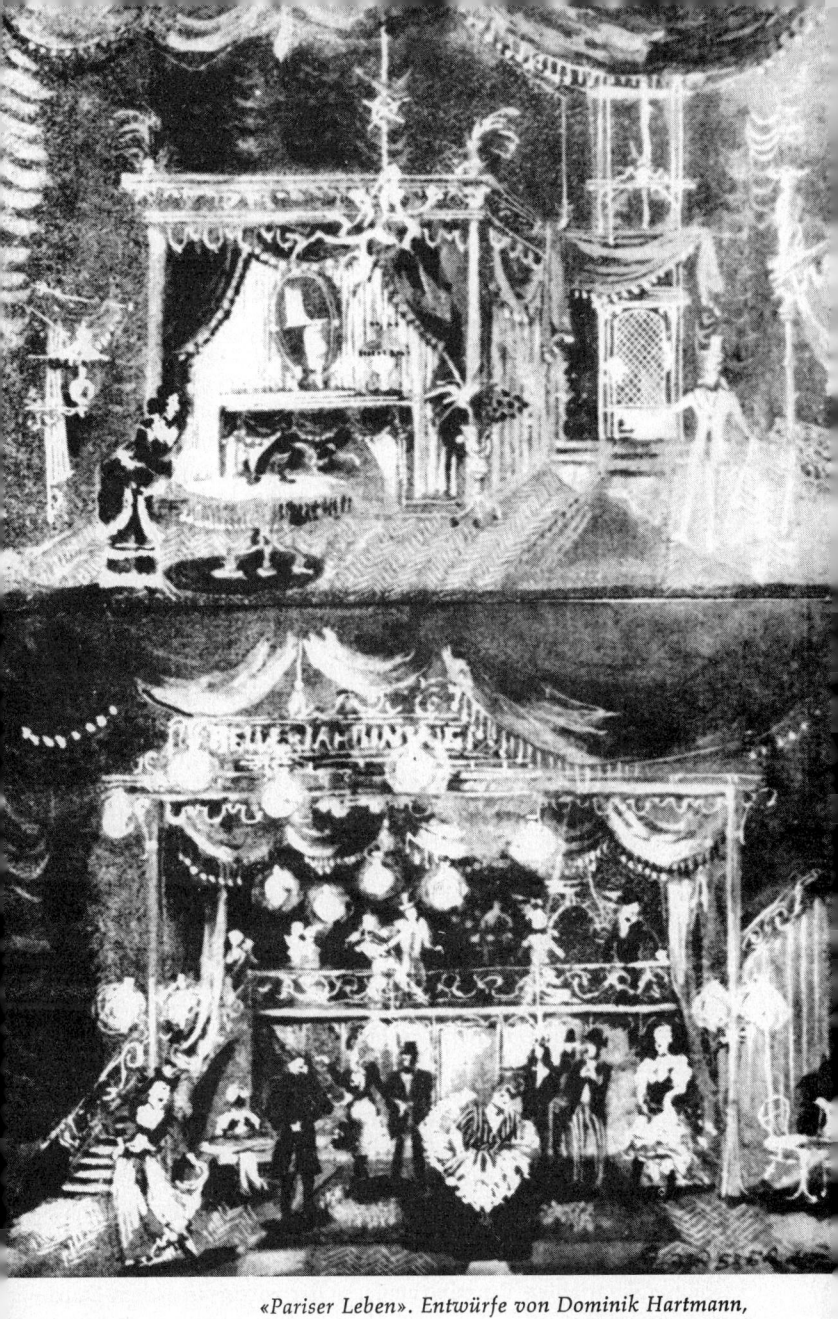

«Pariser Leben». *Entwürfe von Dominik Hartmann,*
Opernhaus Düsseldorf

welten, aller aufgedonnerten Theaterei, aller unechten, angemaßten Würde und Macht nicht das, was jeder Heutige sein Ziel, seinen Wunsch, seine Lebensart nennen möchte? Und wenn noch ein Funke echter, überschäumender Lebenslust, ein Schuß ekstatischer Tanz-Freude hinzukommt, die dem Skeptiker doch ein Quäntchen Lebensgenuß und Daseinsrausch erhalten will, ist dann Offenbach – in dieser Doppeltendenz einem anderen rheinischen, in Paris heimisch gewordenen Juden, Heinrich Heine, so ähnlich – nicht auch Weltbürger dieser und zukünftiger Jahrzehnte?

Daß der Schöpfer der Offenbachiade, auf den als Ahnherrn alle Operettenkomponisten sich berufen, nur wenig Nachfolge im engeren Sinne gefunden hat, ist nicht verwunderlich. Schon Hanslick meint, der Wiener Walzer sei kein Pariser Couplet. Wie Karl Kraus will er nicht einmal Strauß' «Fledermaus» den Lorbeer zuerkennen, denn «der Walzer ist lyrisch, nicht dramatisch, er hat keinen dialektischen Fortgang, sondern beharrt im Gleichmaß des Rhythmus, der Stimmung, kehrt wie im Kreise stets in sich selbst zurück ... bewirkt viel mehr einen lästigen Stillstand als eine fortschreitende Bewegung»[69]. Aber selbst wenn man das «Fledermaus»-Wunder als den nie wiederkehrenden Glücksfall der Verbindung übersprudelnder, sich überschlagender Tanzerfindung mit einem heiter-sorglosen Libretto und als authentische Offenbach-Nachfolge anerkennen will, bleibt dieses Meisterwerk doch ein einmaliger Ausnahmefall.

Seit dem tränenreichen Finale des zweiten Aktes in Johann Strauß' «Zigeunerbaron» ist leider das «tragische Verhängnis» über die Operette hereingebrochen. Nicht daß die Wiener, die Berliner und Budapester Operette, die die Pariser Groß-Zeit ablösen, dem Zuschauer schablonenmäßig das «Märchen vom Glück des kleinen Mannes in großer Welt» vorgaukeln, ist das Schlimme (selbst diese ewig gleiche Themenstellung mag in besonderen Zeitumständen soziologisch begründet sein), sondern die Tatsache, daß die Operette mehr und mehr sich selber ernst nimmt und statt ungebundener Heiterkeit «dramatische Echtheit», trotz Tanznummer, Komiker-Unsinn und Talmiglanz «Lebenswahrheit» zu bieten vorgibt.

Ganz allerdings ist das Licht Offenbachscher Heiterkeit, der Witz, die Parodie, der lebenslustige Tanzrausch der Offenbachiade auch im breiten Strom der «modernen Operette» nie verlorengegangen. Am stärksten darf die angelsächsische Operette wohl ein Nachfolgerecht auf Offenbach im engeren Sinne anmelden. Was Arthur Sullivan mit seinem Textdichter W. S. Gilbert im «Mikado» geschaffen hat – und in schon abgeschwächter Form Sidney Jones mit der von Owen Hall textierten «Geisha» zeigt –, darf in der Melodie, im verblüffend variablen Tanzrhythmus, in der witzig-kritischen Durchleuchtung englischer Weltmacht- und Fernost-Politik sich tatsächlich zu vollem Recht als Nachfolge der Offenbachiade bezeichnen.

Aus der französischen Produktion nach Offenbach bleibt nur weniges. Auch die Werke Hervés und Lecocqs sind kaum neben den Offenbachiaden zu nennen. Honeggers «Roi Pausole», ein moderner Versuch in Offenbachschem Geist, bleibt leider – auf der Bühne wie im Film – ohne breiten Publikumserfolg. Ebenso ergeht es im deutschen Sprachraum den parodistisch geistreichen Werken von Oscar Straus «Die lustigen Nibelungen», «Hugdietrichs Brautfahrt» und der G. B. Shaw-Vertonung «Der tapfere Soldat» (nach «Helden»). In Wien wie Berlin delektiert ein großes Publikum sich lieber an Salonromantik seines «Walzertraums». Gleiches gilt von Leo Fall, dessen Schaffen in der heute schon verblaßten «Dollarprinzessin» und der resolut spöttischen «Madame Pompadour» Ansätze wirklicher Offenbach-Nachfolge zeigt.

Was Wien, Budapest und auch Berlin sonst an Operette bis fast in die Mitte des 20. Jahrhunderts bieten, wird von der Walzer- und Nationalitäten-Romantik der als Musiker gewiß hochbegabten Lehár und Kálmán beherrscht. Sie lassen das Operettenpendel, das bei Offenbach mit Kunst- und Zeitpersiflage nach der Seite fröhlich unbeschwerten Unsinns ausschlägt, weit nach der Gegenseite opernhafter Rührung, dramatischer Verwicklung und dazu um so mehr kontrastierender Tanznummern gehen. Es bleibt ein seltener Ausnahmefall, daß in Berlin – von der Lokalposse und der Revue herkommend – ein heiteres Stück wie Gilberts «Keusche Susanne» wilhelminische Gesellschaftssitten bewundernd zeigt und gleichzeitig verulkt, daß zwischen Berlin und Wien Ralph Benatzky mit seinem «Zirkus Aimée» (nach Curt Goetz) und dem «König mit dem Regenschirm» leicht parodistische, unsentimentale Musiklustspiele schreibt.

Neue, eigene Art der Offenbach-Nachfolge kündigt sich während der viel berufenen zwanziger Jahre im Bereich der Oper an. Ernst Křenek (mit seiner Jazz-Oper «Jonny spielt auf»), Paul Hindemith (mit dem Filmsketch «Hin und zurück», der Opern-Satire «Neues vom Tage» zu bissig zeitnahen Texten von Marcellus Schiffer) versuchen, zum Teil mit sensationellem Erfolg, der in Wagner- und Richard Strauss-Epigonentum festgefahrenen Oper mit einem Schuß Offenbachschen Geistes neues Leben, Aktualität und ungekannte Publikumswirkung zu geben. Gipfelwerk dieser Richtung ist die «Dreigroschenoper» von Brecht und Weill, eine echte, unverfälschte Offenbachiade eigenster, persönlichster Prägung. Bertolt Brecht hat damit der alten «Bettler-Oper» von Gay und Pepusch neue Form und neuen zeitaktuellen Inhalt gegeben. Mag die Parodie der Händel-

Oper, die wesentlichen Anteil an der Brisanz des Vorbildes hat, nur noch von ferne anklingen (und auf moderne Operetten-Sentimentalität umgezielt sein), so ist der gesellschaftskritische Teil der Song-Oper doch eine mit modernen Mitteln geschaffene Nachfolge von Offenbachs Bettler- und Gauner-Stücken (von den *Beiden Blinden* bis zu den *Banditen*). Treffend sind die Sätze des Komponisten Kurt Weill über den Einbruch der «Dreigroschenoper» in ganz neue Publikumsschichten: «Wir kommen an ein Publikum heran, das uns entweder gar nicht kannte, oder uns die Fähigkeit absprach, einen Hörerkreis zu interessieren, der weit über den Rahmen des Musik- und Opernpublikums hinausgeht. Zum erstenmal ist der Einbruch in eine Gebrauchsindustrie gelungen, die bis jetzt einer völlig anderen Art von Musikern und Schriftstellern reserviert war.»[70]

Brecht–Weills «Dreigroschenoper» ist Ausnahmefall geblieben. Die «Mahagonny»-Moritat des gleichen Autorenpaares und nichts aus der späteren interessanten amerikanischen Produktion Kurt Weills (leider auch nicht das Anti-Diktatoren-Stück «Knickerbockers Holiday») hat gleiche oder nur ähnliche Wirkung wie die Erneuerung der Bettler-Oper gehabt. Mit den Mackie Messer-Gaunerstreichen Brechts und Weills sicher nicht in einem Atemzug zu nennen und doch mit einem Schuß Offenbachschen Humors und Offenbachscher Musizier-

Cancan-Szene aus «Orpheus in der Unterwelt».
Gärtnerplatztheater, München

lust geschrieben ist Paul Burkhards «Schwar-
zer Hecht», der als «Feuerwerk» ein breiter
Publikumserfolg auf deutschsprachigen Bühnen geworden ist.

Und jenseits des Ozeans ist inzwischen in
der «musical comedy» eine neue, volkstümliche Operetten- und Offenbachiaden-Form
gewachsen, das amerikanische Musical unserer Tage. Stärker als es der Operette in Europa beschieden war, steht das Musical im
Brennpunkt allen Musik- und Theaterlebens
dieses riesigen Landes. Aus ganz anderer so-
ziologischer Konstellation hervorgegangen
als die Offenbachiade, verdankt es derem
Schöpfer in der Tanzbesessenheit und All-
tagsverbundenheit mancher scharf satirischen, gesellschaftskritischen Wendung doch
Wesentliches genug. Auch der oberflächliche
Betrachter wird in Cole Porters «Cancan» oder «Kiss Me, Kate»,
in Irving Berlins «Annie Get Your Gun», Gershwins «Strike up the
Band», Bernsteins «Wunderful Town», dem «Music Man» Willsons
und der auch in Europa alle Erfolgsziffern überbietenden «My Fair
Lady» (nach G. B. Shaws «Pygmalion», mit Musik von Frederick
Loewe) die Elemente Offenbachscher Tanzwirkung und Karikatur wiedererkennen. Wie denn überhaupt jede denkbare Erneuerung der Operette, der Opernkomödie, aller leichten musikalischen Bühnenpro-
duktion in Offenbach und seinem Werk stets Vergleich und Maß-
stab finden wird.

So rundet, so klärt sich das Bild des immer umstrittenen, zwischen
Künsten, Nationen lebenden und schaffenden Kosmopoliten und
Wahl-Parisers:

Mit *Hoffmanns Erzählungen*, dem nachgelassenen Opernwerk,
gehört er – zeitlich unbegrenzt – dem Repertoire internationaler
Opernhäuser an.

Die «musiquettes», die Fülle großer und kleiner Stücke witziger
Handlung, eingängig kapriziöser Musik, die vor, neben und nach
den Meisterwerken der sechziger Jahre entstehen, bleiben eine Fund-
grube für die Erneuerung des kleinen, leichten Spielopern-Programms.

Mit der Offenbachiade schließlich hat er das Zeitalter der modernen Operette eingeleitet, die an seiner unbeschwerten Kunst sich immer wieder auf- und ausrichten kann. Seine großen, reifen Werke haben von ihrer Lebenskraft nichts eingebüßt. Der Verlust unmittelbarer Aktualität hat ihrer Wirkung keinen Abbruch getan. Fast scheint es, als könne jede authentische, im Wesen unentstellte Wiedergabe auch ihre Gesellschafts- und Kunstkritik für unsere, für jede zukünftige Zeit neu aktualisieren.

Neben dem Operntheater hat auch die Schauspielbühne Offenbachs Werk als ständig neu gestellte Aufgabe für sich entdeckt. Wie Max Reinhardt, der große Zauberer, immer wieder Offenbachiaden gestaltet hat, ist noch in lebendiger Erinnerung. In neuester Zeit haben Inszenatoren wie Jean-Louis Barrault und Walter Felsenstein Offenbach-Werke als Motor für hinreißende Wirkungen des Theaters benutzt. Und keiner hat für Offenbach-Kenntnis und Offenbach-Renaissance mehr geleistet als Karl Kraus.

Mit seinem Appell «Freude an der Musik»[71] hat Leonhard Bernstein, wohl die aufregenste allround-Begabung des amerikanischen Musicals, auf das Wichtigste in Offenbachs Wesen und Werk gewiesen: Freude, kritisches Lachen, skeptischer Optimismus. In Abänderung eines Dramenwortes könnte man ihm und seinem Werk den Leitsatz geben: «HEITER SEIN IST ALLES».

ANMERKUNGEN

1 Namensänderungen dieser Art waren bis zum Inkrafttreten des Personenstandsgesetzes (in Preußen seit 1874, im Reich seit 1875) verhältnismäßig einfach durchzuführen.

2 Eine erneute Ausweisung der seit 1798 wieder zugelassenen Juden wird erwogen; die im Kölner Theater gegebene Posse «Unser Verkehr» nimmt es mit jeder späteren Art von «militantem Antisemitismus» auf.

3 Die jüdische Reformbewegung des 19. Jahrhunderts bringt zunächst eine Einführung der Landessprache in den bis dahin rein hebräischen Gottesdienst, dann Überprüfung aller Sitten und Gebräuche mit dem Ziel völliger Assimilation an die Gastvölker.

4 Bernhard Romberg (1767–1841), Begründer der deutschen Violoncellistenschule; ausgedehnte Konzertreisen, zeitweilig auch Professor am Pariser Conservatoire, Solocellist der Berliner Hofkapelle, Komponist vieler Virtuosenstücke für sein Instrument.

5 Aus den Jugenderinnerungen von Julia Offenbach-Grünwald, die diese Schwester des Komponisten 1902 aufgezeichnet hat; zit. n. Henseler: «Jakob Offenbach». Berlin 1930.

6 Webers «Freischütz» und «Preciosa», Beethovens «Fidelio» gehören ebenso zum damaligen Kölner Spielplan wie Aubers «Stumme» und «Maurer und Schlosser», Meyerbeers «Robert der Teufel», Rossinis «Tell» und «Barbier», Opern von Gaveaux, Boieldieu, Isouard, Paer und Spontini sowie die Vaudeville-Literatur von Angely, Blum und Holtei.

7 «Divertissementchen»: zu dieser wichtigsten Form des Kölner Karnevalstheaters, das Offenbach stärkste Anregungen gegeben hat, vgl. Carl Niessen: «Das rheinische Puppenspiel». Bonn 1928; J. J. Merlo: «Zur Geschichte des Kölner Theaters im 18. und 19. Jahrhundert». Köln 1890; W. Walter: «Der Karneval in Köln» (1873) sowie die gesamte Kölner Karnevalsliteratur, u. a. die Alben der Gesellschaft «Humorrhoidaria», usw.

8 Den Aufenthalt an der Grenze schildert sehr gut Alphons Silbermanns «Das imaginäre Tagebuch des Herrn Jacques Offenbach», Berlin 1960.

9 Darstellung Offenbachs im «Artiste» 1855, zit. n. Henseler, a. a. O.

10 Offenbach bewohnte mit anderen jungen Leuten zusammen eine Mansarde in dem Hause Rue des Martyres Nr. 23, in dem auch Heine gewohnt hat. Er ist dem Dichter jedoch nie begegnet.

11 Aus Offenbachs Autobiographie 1866.

12 Aus Offenbachs *Histoire d'une valse* (zwischen 1872 und 1876).

13 «Le Ménestrel» vom 19. März 1837.

14 Friedrich von Flotow: «Erinnerungen» («Deutsche Revue» 1881).

15 Die Legende vom «bösen Blick» Offenbachs hat ihn seit seinen Virtuosen-Jahren begleitet. Von ihr ist auch noch die aus viel späterer Zeit stammende Karikatur «Offenbach jettatore» inspiriert.

16 *Le Moine bourru ou les deux poltrons* ist der Originaltitel dieses ersten Buffo-Einakters. Seine «Unheimlichkeit» zog er aus der Erinnerung an den Mönch aus Victor Hugos «Glöckner von Notre-Dame». Die deutsche Übersetzung machte ihn zum «Knecht Ruprecht».

17 Brief vom 8. Juni 1844, zit. n. Brancour: «Offenbach». Paris 1929.
18 Mit Recht weist Henseler in seiner Offenbach-Biographie darauf hin, daß
   erst die deutsche Übersetzung aus dem Groß-Auguren in der *Schönen
   Helena* einen Oberrabbiner gemacht hat!
19 Adolphe Adam (1803–56), Komponist des «Postillon von Lonjumeau».
20 Zitat aus Offenbachs Selbstbiographie im «L'Autographe» 1864.
21 Die inzwischen aufgelösten und im Belagerungszustand verbotenen Bürgerwehren werden verulkt.
22 Siehe Anm. 20.
23 Ebd.
24 Ebd.
25 Léon und Fromental Halévy sind Söhne eines aus Deutschland einge-
   wanderten jüdischen Tempelsängers, der lange Jahre in Paris als Vorbeter in einer der großen Synagogen tätig war.
26 Musiquette: von dem Kritiker Paroisse-Pougin (Pseudonym Pol Dax)
   erstmals angewandte Bezeichnung für «leichte Musik», aber auch für
   einaktige kleine Operchen und Operetten, eigentlich genau auf Offenbachs Einakterkunst geprägt; hierfür auch mit Vorliebe immer wieder
   angewandt.
27 Saynette: eigentlich spanische Bezeichnung für Lustspiel, Vaudeville,
   leichte Operette. Das Zitat stammt aus einem Brief Offenbachs an Alfred
   von Wolzogen, 1860; zit. n. Henseler, a. a. O.
28 Offenbachs Abhandlung über die Komische Oper aus dem Jahre 1856 ist
   ungekürzt in deutscher Übersetzung bei Henseler, a. a. O., und Silbermann, a. a. O., abgedruckt.
29 Offenbach hat seiner Mozart-Verehrung des öfteren Ausdruck verliehen.
   Den Gedanken einer Mozart-Parodie hat er scharf zurückgewiesen. Die
   Bezeichnung «Mozart der Champs-Élysées» stammt nicht von ihm, sondern von Rossini. Besonders zur Zeit der Arbeit an *Hoffmanns Erzählungen* hat Offenbach sich viel mit der Lebensgeschichte Mozarts befaßt.
30 Das Stück des Herzogs von Morny, an dem außer ihm die Librettisten
   Halévy, Crémieux und Lépine mitgearbeitet haben, das Offenbach vertont und 1861 aufgeführt hat, heißt «Monsieur Choufleuri restera chez
   lui le . . .». Es ist auch in der deutschen Fassung als «Salon Pitzelsberger»
   bekannt und oft aufgeführt worden.
31 So der zeitgenössische Kritiker Francisque Sarcey, zit. n. Schneidereit:
   «Jacques Offenbach». Leipzig 1966.
32 Zit. n. Silbermann, a. a. O.
33 Richard Wagner hat Offenbach diese Karikatur nie verziehen. Die große
   Zahl seiner feindseligen Äußerungen gegen Offenbach und seine Kunst
   sind bekannt. In einem dem französischen Komponisten Auber gewidmeten Artikel äußerte er über Offenbach: «Da ist nun allerdings die
   Wärme; die Wärme des Düngerhaufens: auf ihm konnten sich alle
   Schweine Europas wälzen.» In dem Lustspiel-Pamphlet «Eine Kapitulation», in dem Wagner Offenbach und ganz Frankreich nach der Niederlage von 1871 verhöhnt hat, widmete er Offenbach folgende Verse: «O
   wie süß und angenehm, / Und dabei für die Füße so recht bequem! /
   Krak! Krak! Krakerakrak! / O herrlicher Jack von Offenback!» Nach dem

Ringtheaterbrand in Wien, der Hunderte von Opfern forderte und vor Beginn der zweiten deutschsprachigen Aufführung von *Hoffmanns Erzählungen* ausbrach, äußerte sich Wagner nach der Mitteilung seines Biographen Glasenapp wie folgt: «Was in einem solchen Theater beisammensitzt, ist das nichtsnutzigste Volk. Wenn in einer Kohlengrube Arbeiter verschüttet werden, da ergreift und empört es mich, da kommt mir das Entsetzen an über eine Gesellschaft, die sich auf solchem Wege Heizung verschafft. Wenn aber so und so viele aus dieser Gesellschaft umkommen, während sie einer Offenbachschen Operette beiwohnen, worin sich auch nicht ein Zug von moralischer Größe zeigt, – das läßt mich gleichgiltig, das berührt mich kaum.»

34 Das schönste Stück daraus, die *Valse des rayons*, hat Offenbach selbst noch in zwei weiteren Werken verwandt, einmal im großen Ballett seiner einzigen durchkomponierten Oper *Die Rheinnixen*, dann in einem Tanzbild des *Roi Carotte*. Im Jahre 1908 tauchte dieses Stück in einer Revue des Moulin-Rouge als Apachentanz auf und ist seitdem nie wieder aus den populären Musikprogrammen verschwunden.

35 Der Librettist Nuitter, ein Freund Offenbachs, war Advokat und hieß eigentlich Charles Truinet. Als Archivar der Pariser Oper hat er deren Geschichte geschrieben.

36 Alfred von Wolzogen, nicht zu verwechseln mit seinen Söhnen, dem Überbrettl-Autor Ernst von Wolzogen und dem Herausgeber der «Bayreuther Blätter», Hans Paul von Wolzogen.

37 Aus dem nachgelassenen Tagebuch des Schriftstellers Horace de Viel-Castel (1802–64), zit. n. Schneidereit, a. a. O.

38 Zitiert aus dem 5. Band der «Geschichte der französischen Literatur» von Viktor Klemperer. Leipzig 1926.

39 Zitat aus Bekker: «Jacques Offenbach». Berlin 1909.

40 Zit. n. Silbermann, a. a. O.

41 Ebd.

42 Zitiert nach der Neuübertragung von Walter Felsenstein und Horst Seeger (Komische Oper, Berlin).

43 Aus einer Kritik von Oscar Bie im «Berliner Börsen-Courier», Juni 1929.

44 Die Neuinszenierung Walter Felsensteins in der Berliner Komischen Oper (1963) hat das Werk für unsere Zeit neu entdeckt und populär gemacht.

45 Zitiert aus «Die Fackel». Hg. von Karl Kraus. XXIX. Jahr, Nr. 757–758, April 1927.

46 Ludovic Halévy: «Notes et souvenirs 1871–1872». Paris 1889.

47 Neben Josephine Gallmeyer stellt «die Geistinger» für lange Jahre den Typus der Wiener Offenbach-Sängerin dar.

48 Siehe Anm. 45.

49 Als «Robinsonade» in Neufassung von Walther und Winkler auch in den dreißiger Jahren und nach dem Zweiten Weltkrieg wieder in Deutschland aufgeführt.

50 Die absurde Hof-, Liebes- und Verwechslungsgeschichte der *Insel Tulipatan* wirkt auf den heutigen Zuschauer fast wie eine vorweggenommene Parodie auf die spätere sentimentale Wiener Operette mit ihren Serenissimus- und Tanz-Scherzen.

51 Die Neufassung von Karl Kraus – aus zwei französischen Versionen zusammengestellt – hat dem Werk seit der Erstaufführung in der Berliner Krolloper 1931 eine Renaissance auch in Deutschland gebracht.

52 Zitiert aus einer Kritik von Walter Schrenk («Deutsche Allgemeine Zeitung», Berlin, 28. März 1931).

53 Nach Silbermanns «Tagebuch» (s. Anm. 8) sah die Liste der Aufführungen Offenbachscher Werke für das Jahr 1869 folgendermaßen aus: Januar – Kairo: *Schöne Helena*; New York: *Périchole*; Wien: *Périchole*. Februar – Stockholm: *Périchole*. März – Brüssel: *Geneviève*; Paris (Opéra-Comique): *Vert-Vert*; Paris (Bouffes): *La Diva*; New York: *Pariser Leben*. Mai – Wien: *Tulipatan*; Dublin: *Großherzogin*; Neapel: *Orpheus*. Juni – Salt Lake City: *Großherzogin*; Mexico City: *Orpheus*; London: *Blaubart*; Rio de Janeiro: *Périchole*. Juli – London: *Orpheus*; Berlin: *Tulipatan*; Madrid: *Pariser Leben*; Baden-Baden: *Prinzessin von Trapezunt*. August – London: *Lieschen und Fritzchen*; Prag: *Périchole*; Graz: *Lieschen und Fritzchen*; Graz: *Tulipatan*. September – Madrid: *Geneviève*; Prag: *Orpheus*; New York: *Pariser Leben*. Oktober – Kairo: *Großherzogin*; Valparaiso: *Die beiden Blinden*; Lissabon: *Helena*. November – Madrid: *Blaubart*; Madrid: *Helena*; Warschau: *Helena*; Valparaiso: *Orpheus*. Dezember – Paris (Bouffes): *Trapezunt*; Paris (Variétés): *Banditen*; Paris (Bouffes): *Romance de la Rose*; Neapel: *Blaubart*; Valparaiso: *Großherzogin*; Algier: *Périchole*.

54 Siehe Anm. 46.

55 Worte von Karl Kraus aus der «Fackel», XXXVII. Jahr, Nr. 916, November 1935. Seit einer Reihe von Jahren wird *Die Kreolin* am Münchner Gärtnerplatz-Theater in einer ausgezeichneten Neufassung von Ika Schafheitlein und Helmut Gauer gegeben.

56 Zit. n. Silbermann, a. a. O.

57 Offenbachs *Notes d'un musicien en voyage* wurden 1877 von ihm zusammengestellt und von seinem Freund, dem Kritiker Albert Wolff, herausgegeben und eingeleitet. Von Reinhold Scharnke stammt die verdienstvolle deutsche Übersetzung, Einleitung und Herausgabe (Berlin 1957).

58 Siehe Anm. 57.

59 Es ist die Operette «Le Petit Duc» von Lecocq, die zur Weltausstellung 1878 uraufgeführt wird und gerade wegen des geschickten Buches der beiden früheren Offenbach-Librettisten einen starken Erfolg hat.

60 Offenbach (in der *Histoire d'une vals*) und alle seine Biographen haben die Geschichte des «Walzers von Zimmer» erzählt, die Geschichte jener Wiegenlied-Melodie, von der Offenbach nur acht Takte kannte. Als er schließlich nach Jahren den Autor fand, starb dieser, ein alter, verlassener Mann, während einer Reise Offenbachs und hinterließ ihm mit anderen Reliquien die Aufzeichnung des Walzers, den Offenbach dann drucken ließ.

61 Auch Heinrich Heine berichtet («Die Romantische Schule», II, 1833), welch «große Reputation» E. Th. A. Hoffmann in Frankreich hat. Auch vor den *Contes d'Hoffmann* sind seine Erzählungen u. a. von George Sand dramatisiert worden.

62 Jules Barbier und Michel Carré sind auch die Librettisten von Gounods Faust-Oper «Margarethe» und Thomas' «Mignon».

63 1879 an Carvalho, den Direktor der Opéra-Comique.

64 Im ersten Spieljahr erlebte *Hoffmanns Erzählungen* in Paris 100 Wiederholungen. Am 7. Dezember 1881 fand in Wien die bejubelte deutschsprachige Erstaufführung statt. Am Abend darauf forderte der Ringtheaterbrand 400 Todesopfer, und die Oper galt als «Unglückswerk». Ein neuer Aufstieg zu einem der beliebtesten Werke des internationalen Repertoires begann 1905 mit der berühmten Aufführung in Hans Gregors Berliner Komischen Oper, die in der Inszenierung von M. Moris in sechs Jahren 400 Wiederholungen erlebte. Seitdem ist das Werk Besitz aller Opernbühnen. Berühmt unter unzähligen anderen Inszenierungen wurde die Aufführung der Krolloper Berlin im Bauhaus-Stil (1929, Ausstattung: Moholy-Nagy), Max Reinhardts Pracht-Inszenierung im Großen Schauspielhaus (mit Textergänzungen von Egon Friedell und Hans Sassmann, musikalischer Einrichtung von Leo Blech). In dieser Fassung wurde das Stück bei 3000 Zuschauerplätzen von November 1931 bis April 1932 einhundertfünfundsiebzigmal gegeben. In neuester Zeit haben Otto Maag und Hans Haug eine neue musikalische Fassung und deutsche Übersetzung vorgelegt. Sie wie auch Walter Felsenstein haben versucht – letzterer unter Verwendung von Originaldialogen aus Barbiers und Carrés Schauspiel –, die mutmaßliche Urgestalt des Werkes wiederherzustellen. In allen Fassungen ist Offenbachs nachgelassener Oper der Erfolg gleichermaßen treu geblieben.

65 Hortense Schneider hat Offenbach um Jahrzehnte überlebt. Wie die Ex-Kaiserin Eugénie starb sie erst im Jahre 1920.

66 Hier sei auf die ausgezeichnete Arbeit von Siegfried Dörffeldt verwiesen: «Die musikalische Parodie bei Offenbach» (Dissertation. Frankfurt a. M. 1954), die die Frage der Musikparodie bei Offenbach von allen Gesichtspunkten aus erschöpfend behandelt.

67 Zitiert aus Oscar Bie «Der Tanz» (1925).

68 Hingewiesen sei besonders auf die grundlegende deutsche Offenbach-Biographie von Anton Henseler (s. Anm. 5), in der – zumindest auszugsweise – die abfälligen Urteile über Offenbach aus Literatur und Musikkritik zusammengetragen und den positiven Stimmen über seine Persönlichkeit und sein Werk gegenübergestellt sind.

69 Zitiert aus Hanslick «Die moderne Oper» (Berlin 1875–1884).

70 Aus einem Artikel in der Wiener Musikzeitschrift «Anbruch», 1929.

71 Buchtitel der deutschen Ausgabe von «The Joy of Music» (London 1960).

NB.: Für einige Gesprächs- und Briefstellen wurden Zitate aus den Biographien von Brancour, Henseler und Silbermann benutzt, auf die in diversen Anmerkungen bereits hingewiesen wurde, sowie aus «Offenbach» von Alain Decaux (München 1960). Vgl. hierzu auch die Bibliographie S. 181 f.

ZEITTAFEL

1812 Napoleon I. in Rußland. Niederlage an der Moskwa – Beginn der Juden-Emanzipation in Deutschland

1813 Deutscher Befreiungskrieg. Völkerschlacht bei Leipzig. Räumung Deutschlands durch Napoleon. Die Armeen der gegen ihn Verbündeten überschreiten den Rhein
Wagner und Verdi geboren

1814 Die französischen Truppen verlassen Köln, das preußisch wird. Napoleon abgesetzt, zieht sich nach Elba zurück – Wiener Kongreß. Zensur in ganz Europa
Beethovens «Fidelio» (dritte Fassung)

1815 Napoleons «Hundert Tage». Geschlagen bei Belle-Alliance. Gefangengenommen und auf die Insel St. Helena verbannt
Otto von Bismarck geboren

1816 *Isaac Offenbach zieht mit seiner Familie von Deutz nach Köln, um sich dort als Musiklehrer niederzulassen*
E. Th. A. Hoffmanns «Undine» uraufgeführt – Rossinis «Barbier von Sevilla» in Rom

1817 Reformationsfest. Wartburgfest
Louis-Philippe kommt für immer nach Frankreich

1818 Erste Dampfer-Überquerung des Atlantischen Ozeans

1819 *Jacques Offenbach wird in Köln geboren (20. Juni 1819)*
E. Th. A. Hoffmanns «Serapionsbrüder» – C. M. v. Webers «Aufforderung zum Tanz»

1820 Ampères Entdeckung der Elektrodynamik

1821 Napoleon stirbt auf St. Helena
Webers «Freischütz» in Berlin

1822 Cherubini wird Direktor des Pariser Conservatoire

1823 Erster Rosenmontags-Karnevalszug in Köln

1824 Ludwig XVIII. stirbt, Karl X. besteigt den Thron Frankreichs
Beethovens IX. Symphonie in Wien

1825 *Isaac Offenbach wird an der Kölner Synagoge Vorbeter*
Hervé geboren – Erste Erfolge von Strauß (Vater) – Deutsches Biedermeier

1826 Übersiedlung G. Meyerbeers nach Paris

1827 Beethoven stirbt – Heines «Buch der Lieder»

1829 Emanzipation der Juden in ganz Europa, auch in Kunst und Politik
Berlioz' «Symphonie fantastique» – Rossinis letzte Oper «Wilhelm Tell»

1830 Pariser Juli-Revolution. Bürgerkönig Louis-Philippe. Juste Milieu

1831 Seidenweber-Aufstand in Lyon
Heinrich Heine übersiedelt nach Paris – Meyerbeers «Robert der Teufel» – Victor Hugos «Notre-Dame de Paris»

1833 *Abschiedskonzert Jakob und Julius Offenbachs in Köln. Reise Vater Offenbachs mit den beiden Söhnen nach Paris, wo Jakob – obwohl Ausländer – ins Konservatorium aufgenommen wird*
Erster elektromagnetischer Telegraph

1834	Aufstände in Paris und Lyon
	Ludovic Halévy geboren
	Vater Offenbach reist nach Köln zurück. Jakob verläßt nach zehn Monaten das Konservatorium freiwillig. Wird Cellist im Orchester der Opéra-Comique
1835	Attentat auf Louis-Philippe
	Fromental Halévys «Die Jüdin» und «Der Blitz»
1836	*Antoine Jullien wird Dirigent im Jardin Turc, spielt Walzerkompositionen Offenbachs*
	Meyerbeers «Die Hugenotten» – Adams «Postillon von Lonjumeau» – Léo Delibes geboren
1837	Johann Strauß (Vater) gibt Konzerte in Paris
1838	*Offenbach lernt Fr. v. Flotow kennen. Er lebt inzwischen von Cello-Stunden*
1839	Verschwörung Blanquis in Paris
	Richard Wagner kommt nach Paris
	Erstes eigenes Konzert Jacques Offenbachs. «Pascal et Chambord»
1840	Louis-Napoléon landet in Boulogne
	Émile Zola geboren
	Offenbachs Mutter und sein Cellolehrer Alexander sterben in Köln
1843	*Erstes «dramatisches Konzert» Offenbachs. Romanze «À Toi». Konzerte in Köln. «Der unheimliche Mönch»*
1844	Mendelssohns Violinkonzert – Félicien Davids Symphonie-Ode «Die Wüste» (Le Désert) – Berlioz' Instrumentationslehre
	Offenbachs Gastspielreise nach London. Heirat mit Herminie geb. d'Alcain
1845	Wagners «Tannhäuser» in Dresden
1846	Flucht Louis-Napoléons nach England
1847	Vollendung der Eroberung Algeriens
	Tod Felix Mendelssohn-Bartholdys
	Offenbachs «L'Alcôve»
1848	Das «Kommunistische Manifest» des aus Paris ausgewiesenen Karl Marx erscheint. Revolution in Frankreich. Louis-Philippe flieht. Frankreich wird Republik
	Offenbach geht nach Köln. Dom-Festkonzert unter seiner Mitwirkung
1849	Arbeiteraufstand in Paris. Blutige Unterdrückung durch General Cavaignac. Wahl des inzwischen nach Frankreich zurückgekehrten Louis-Napoléon zum Präsidenten
	Meyerbeers «Der Prophet» – Wagners Flucht aus Dresden
	Offenbach kehrt nach Paris zurück. Cello-Konzert vor Louis-Napoléon
1850	Wagners «Lohengrin» in Weimar – Wagners «Judentum in der Musik»
	Offenbachs Vater stirbt in Köln. Offenbach Kapellmeister an der Comédie-Française. Komponiert u. a. dort für Mussets «Chandelier» das Lied des Fortunio
1851	Staatsstreich Louis-Napoléons – Erste Weltausstellung in London
1852	Louis-Napoléon ernennt sich als Napoleon III. zum Kaiser der Franzosen. Zweites Kaiserreich

1853	Napoleon III. heiratet Eugénie
	Verdis «Troubadour» und «Traviata»
	«Le Trésor à Mathurin»; «Pépito»
1854	Beginn des Krim-Krieges
	Liszts große Symphonische Dichtungen
	Offenbach denkt ernstlich an Auswanderung nach Amerika – Hervé eröffnet eigenes Vaudeville-Theater
1855	Weltausstellung in Paris. Entwicklung von Handel und Industrie. Großbanken
	Offenbach gründet als Kommanditgesellschaft sein Theater «Bouffes-Parisiens»: «Die beiden Blinden», «Ba-ta-clan»
1856	Ende des Krim-Krieges. Friedenskongreß in Paris
	Offenbachs Preisausschreiben für die Bouffes. «Tromb-al-Cazar»
1857	Flauberts «Madame Bovary» – Baudelaires «Fleurs du mal»
	Schleifung der Wiener Befestigungen: «Ringstraße»
	Erstes auswärtiges Gastspiel der Bouffes in London. «Verlobung bei der Laterne»
1858	*Erstes Gastspiel der Bouffes in Deutschland. Finanzielle Schwierigkeiten Offenbachs in seiner Direktion. «Mesdames de la Halle»; «Orpheus». Pressefehde mit dem Kritiker Janin*
1859	Siege Napoleons III. über Österreich in Italien
	Gounods «Faust und Margarethe»
	«Geneviève de Brabant»
1860	*Offenbach wird als Franzose naturalisiert. Baut sich Sommervilla in Etretat. «Orpheus»-Vorstellung vor Napoleon III. «Barkouf»*
1861	Wilhelm I. König von Preußen – Italiens Einigung unter König Viktor Emanuel
	Wagners «Tannhäuser»-Skandal in Paris
	Offenbach erhält Band der Ehrenlegion. Finanzielle Schwierigkeiten mit den Bouffes. «Fortunios Lied»; «Die Seufzerbrücke»; «Salon Pitzelsberger»
1862	Bismarck Ministerpräsident
	Offenbach legt die Direktion der Bouffes nieder. Sein Sohn Auguste geboren
1863	Lassalle gründet Allgem. Deutschen Arbeiterverein
	Berlioz' «Trojaner»
1864	Beginn des mexikanischen Abenteuers Napoleons
	Tod Meyerbeers
	«Die Rheinnixen»; «Die schöne Helena»
1865	Wagners «Tristan» in München
	Napoleon III. in Algerien
	«Les Bergers»
1866	Deutsch-Österreichischer Krieg – Norddeutscher Bund
	«Blaubart»; «Pariser Leben»
1867	Karl Marx «Das Kapital» – Ibsen «Peer Gynt» – Zola «Thérèse Raquin» – Johann Strauß (Sohn) «An der schönen blauen Donau»
	Weltausstellung in Paris
	«Die Großherzogin von Gerolstein»; «Robinson Crusoe»

1868 Wagners «Meistersinger» – Tod Rossinis
«Insel Tulipatan»; «La Périchole»
1869 Eröffnung des Suez-Kanals
Tod Hector Berlioz'
Silberne Hochzeit Offenbachs. «Die Diva»; «Die Prinzessin von Tra-pezunt»; «Die Banditen»
1870 Deutsch-Französischer Krieg. Napoleon III. gefangengenommen – Frankreich Republik
Offenbach bringt Familie nach Spanien. Er selbst reist nach Italien und Österreich. Anfeindungen Offenbachs von deutscher und französischer Seite
1871 Kapitulation der Französischen Republik. Pariser Kommune – Gründung des Deutschen Reiches. Friede zu Frankfurt a. M.
Offenbach kehrt nach Paris zurück
1872 Nietzsche: «Geburt der Tragödie aus dem Geiste der Musik»
Presseangriffe gegen Offenbach. «Le Roi Carotte»; «Fantasio»
1873 Nietzsche: «Unzeitgemäße Betrachtungen»
Übernahme des Theaters Gaîté durch Offenbach. «La Jolie Par-fumeuse»
1874 Weltpostverein
Johann Strauß' «Die Fledermaus» – Lecocqs «Giroflé-Girofla»
Völliger geschäftlicher Zusammenbruch Offenbachs. Verkauf seines Theaters. «Madame L'Archiduc»
1875 Bizets «Carmen». Tod Bizets – Johann Strauß mit «Indigo» in Paris
«Die Kreolin»; «Die Reise zum Mond»
1876 Erfindung des Telephons
Erste Wagner-Festspiele in Bayreuth – Nietzsche: «Richard Wagner in Bayreuth»
Offenbachs Gastspielfahrt nach Amerika. Dirigiert in verschiedenen Städten der USA und auf der Weltausstellung in Philadelphia
1877 Edisons Phonograph erfunden
1. und 2. Symphonie von Brahms
Beginn von Offenbachs Arbeit an «Hoffmanns Erzählungen»
1878 Weltausstellung in Paris – Sozialistengesetz in Deutschland
Dvořák «Slavische Tänze»
Keine Operette Offenbachs zur Weltausstellung. Meilhac und Halévy arbeiten für Lecocq. «Madame Favart»
1879 Ibsen «Nora» – Strindberg «Das Rote Zimmer» – Tschaikowsky «Eugen Onegin» – Tod Daumiers
«La Fille du Tambour-Major». Hauskonzert mit erster Vorführung von Teilstücken aus «Hoffmanns Erzählungen»
1880 Zolas «Nana» – César Francks «Les Béatitudes»
Offenbach stirbt am 5. Oktober 1880 – «Die schöne Lurette»
1881 Zolas Abhandlung über den Naturalismus auf der Bühne – Bruckners IV. Symphonie (Romantische) – Massenets «Hérodiade» – Wagner vollendet «Parsifal»
«Hoffmanns Erzählungen»

ZEUGNISSE

EDUARD HANSLICK

Er hat ein neues Genre geschaffen, in dem er geradezu einzig walte-
te; ein Genre, das in der dramatischen Hierarchie allerdings eine
untergeordnete Stufe einnimmt, aber ein Vierteljahrhundert lang Millionen von Menschen das beinahe verlorengegangene Vergnügen an
frisch und reich hervorquellender heiterer Musik bereitet hat. Zur
musikalischen Tragödie und dem höheren musikalischen Lustspiel
fügte Offenbach eine dritte wohlberechtigte Kategorie hinzu: die musikalische Posse.

Aus dem Opernleben der Gegenwart. Berlin 1884

FRIEDRICH NIETZSCHE

Nicht zu vergessen: Ich habe doch etwas gehört – drei Sachen von
Offenbach – und war entzückt. Vier, fünfmal in jedem Werk erreicht er einen Zustand übermütigster Bouffonerie, aber in der Form
des klassischen Geschmacks, absolut logisch – und dabei noch wunderbar Pariserisch!... Dabei hat dieses verwöhnte Menschenkind das
Glück gehabt, die geistreichsten Franzosen zu Librettisten zu haben:
Halévy (der jüngst wegen dieser Geniestreiche La Belle Hélène etc.
in die Akademie aufgenommen worden ist), Meilhac und Andere.
Die Texte Offenbachs haben etwas Bezauberndes und sind wahrscheinlich das einzige, was die Oper zugunsten der Poesie bisher ge-
wirkt hat.

Brief an Peter Gast. 21. März 1888

HANS VON BÜLOW

In einigen Theatern habe ich fest geschlafen. Halt: eine Ausnahme
– Mustervorstellung, wie sonst nur im Schauspiel erlebt, gesehen
und gehört von Offenbachs Großherzogin, die ich mit höchstem plai-
sir geschlürft. – Früher war ich nicht reif dafür, so wenig wie für
Mozart.

Aus New York, 1890 («Gesammelte Briefe und Schriften».
Leipzig 1907)

K A R L   S T O R C K

Wenn wir Offenbachs Operetten «gemein» nennen, so meinen wir
die vom Geiste Heines erfüllte Musik mehr, als den blöden Text...
Man könnte von einer Satire der Zustände des zweiten Kaiser-
reiches sprechen, lebte in allem auch nur ein Fünkchen vom wahrhaft
satirischen Geist des ingrimmigen Zornes, des Verlangens nach dem
Hohen und Schönen. Wer aber selber sich im sumpfigsten Pfuhl
mit Behagen aufhielt, kann allenfalls Zyniker sein, aber nicht Sati-
riker. Den «Geist» Offenbachs leugne ich nicht, Kokottengeist;
ebensowenig bestreite ich sein hervorragendes Talent der Parodie.
Aber diese ist allzu oft Beschmutzung eines Schönen. Wenn man
aber auf der Tatsache, daß er in seinem letzten Werke «Hoffmanns
Erzählungen» eine feine komische Oper geschaffen hat, für seine
Künstlerschaft gar günstige Folgerungen zieht, so vermag ich nur
zu sagen, daß dadurch noch ersichtlicher wird, daß er seine großen
Gaben in gemeiner Weise den niedrigsten Zeitinstinkten prostituiert
hat.

Aus: «Geschichte der Musik». Stuttgart 1904.

K A R L   K R A U S

Zu einem Gesamtkunstwerk im harmonischesten Geiste vermögen
Aktion und Gesang in der Operette zu verschmelzen, welche eine
Welt als gegeben nimmt, in der sich der Unsinn von selbst versteht und in der er nie die Reaktion der Vernunft herausfordert.
Offenbach hat in seinen Reichen phantasiebelebender Unvernunft
auch für die geistvollste Parodierung des Opernwesens Raum: die
souveräne Planlosigkeit der Operette kehrt sich bewußt gegen die
Lächerlichkeit einer Kunstform, die im Rahmen einer planvollen
Handlung den Unsinn erst zu Ehren bringt. Daß Operettenverschwörer singen, ist plausibel, aber die Opernverschwörer meinen es ernst
und schädigen den Ernst ihres Vorhabens durch die Unmotiviertheit
ihres Singens. Wenn nun der Gesang der Operettenverschwörer zugleich das Treiben der Opernverschwörer parodiert, so ergibt sich jene doppelte Vollkommenheit der Theaterwirkung, die den Werken
Offenbachs ihren Zauber verleiht, weit über die Dauer der politischen Anzüglichkeiten hinaus, auf welche die Nichtversteher seines
Wesens den größten Wert legen. An der Regellosigkeit, mit der sich
die Ereignisse in der Operette vollziehen, nimmt nur ein verrationa-
lisiertes Theaterpublikum Anstoß. Der Gedanke der Operette ist
Rausch, aus dem Gedanken geboren werden; die Nüchternheit geht

leer aus. Dieses anmutige Wegspülen aller logischen Bedenken und dies Entrücken in eine Konvention übereinanderpurzelnder Begebenheiten, in der das Schicksal des Einzelnen bei einem Chorus von Passanten die unwahrscheinlichste Teilnahme findet, dies Aufheben aller sozialen Unterschiede zum Zweck der musikalischen Eintracht und diese Promptheit, mit der der Vorsatz eines Abenteuerlustigen: «Ich stürz mich in den Studel, Strudel hinein» von den Unbeteiligten bestätigt und neidlos unterstützt wird, so daß die Devise «Er stürzt sich in den Strudel, Strudel hinein» lauffeuerartig zu einem Bekenntnis der Allgemeinheit wird – diese Summe von heiterer Unmöglichkeit bedeutet jenen reizvollen Anlaß, uns von den trostlosen Möglichkeiten des Lebens zu erholen. Indem aber die Grazie das künstlerische Maß dieser Narrheit ist, darf dem Operettenunsinn ein lebensbildender Wert zugesprochen werden.

Grimassen über Kultur und Bühne. 1909

HERMANN KRETZSCHMAR

Aber wenigstens eine Art «Beggars-Opera» lebte wieder auf, eine ganze Suite von praktischen Parodien auf diesen Meyerbeerschen Opernkram kam auf die Bühne. Es war ebenfalls ein Jakob, der die Pritsche gegen den großen Götzen schwang: Jakob Offenbach. Dies Verdienst wollen wir dem lustigen Spötter nicht vergessen. Es ist seit Rossini und Donizetti der erste, der in der komischen Oper wieder Witz und Geist gezeigt hat, ein zersetzendes Talent erster Klasse, eine prächtige Sumpfpflanze! *Geschichte der Oper. Leipzig 1919*

ARTHUR KAHANE

Es gibt keine Zeit, in der Offenbach nicht aktuell, nicht der aktuellste wäre. Wenn es sie gäbe, müßte man sie bedauern. Es wäre eine Zeit, die vom Heiligen Geist, erst recht heilig, weil er so unheilig ist, die von allen guten Geistern verlassen wäre. Es gibt keine Zeit, die nicht einen braucht, in dem sie wieder ganz leicht und ganz frei und heiter bis zu Übermut und Ausgelassenheit wird...

Offenbach ist ein Wunschtraum Nietzsches, Offenbach ist gegeigter und gelachter Nietzsche, Offenbach oder: die Geburt der Frechheit aus dem Geiste der Musik... Offenbachs jauchzende Lebensbejahung wird immer wieder neue Generationen in ihren Wirbel hinreißen.

Blätter des Deutschen Theaters. 1922

In Offenbachs Werken, erlesenen Bijous einer komplizierten Luxus-kunst, ist, ähnlich wie dies Watteau für das Paris des Rokoko voll-bracht hat, der Duft der ville lumière zu einer starken haltbaren Essenz destilliert, die aber um vieles beißender, salziger, stechender geriet. Sie sind Persiflagen der Antike, des Mittelalters, der Gegen-wart, aber eigentlich immer nur der Gegenwart und im Gegensatz zur Wiener Operette, die erst eine Generation später ihre Herrschaft antrat, gänzlich unkitschig, amoralisch, unsentimental, ohne alle kleinbürgerliche Melodramatik, vielmehr von einer rasanten Skep-sis und exhibitionistischen Sensualität, ja geradezu nihilistisch. Daß Offenbach, unbekümmert um psychologische Logik und künstleri-sche Dynamik, eigentlich nur «Einlagen» bringt, wie ihm oft vorge-worfen worden ist, war ebenfalls nur der Ausfluß eines höchsten, nämlich ästhetischen Zynismus, einer Freigeisterei und Selbstpar-odie, die sogar die Gesetze der eigenen Kunst verlacht.

Daß er aber auch ein tiefes und zartes Herz besaß, würde allein schon die Barcarole seines letzten Werkes beweisen, der «Contes d'Hoffmann»... Hier klagt der Radikalismus des modernen Welt-städters um die verschwundene Liebe: die Frau ist Puppe oder Dirne; die wahrhaft liebt, eine Todgeweihte. Es ist, als ob Offenbach in seinem Abschiedsgesang den Satz aus dem Tagebuch der Goncourts instrumentiert hätte: «Ah, il faut avoir fait le tour de tout et ne croire à rien. Il n'y a de vrai que la femme.» Und selbst diese letzte Wahrheit entpuppt sich als trügerisch.

Aus: Kulturgeschichte der Neuzeit. München 1927–1931

Helmut Schmidt-Garre

Offenbach gilt als das große Genie des Zeittheaters. Zeittheater: das war damals, zwischen 1860 und 1870, Paris und das zweite Kaiser-reich im Zerrspiegel; Gesellschaftskarikatur und Kultursatire, Ver-höhnung einer überreifen, das Geld und den Genuß anbetenden Epo-che. Mit den aufreizenden Rhythmen des Cancan und den grellen Disharmonien eines dämonischen Gelächters fing Offenbach den wil-den Taumel und den tollen Rausch einer sich selbst betäubenden Ge-sellschaft ein.

Jede karikierende Kunst hängt in der Luft, sobald die Karikier-ten nicht mehr im Bewußtsein der Öffentlichkeit existieren. Sie ent-geht dieser Gefahr nur dann, wenn allgemein menschlicher Gehalt derart überwiegt, daß wir im Kunstwerk selbst die Erklärung der

Anspielung finden, das heißt, wenn dieses gewissermaßen das Modell und die Karikatur vereinigt, was beispielsweise in den Zeichnungen des großen Daumier der Fall ist. Eine der Hauptursachen für die zeitlose Wirkung des Offenbachschen Theaters liegt darin, daß die Personen und Situationen, die ganz speziell fixiert scheinen, Grundcharaktere und Grundsituationen des Theaters überhaupt verkörpern. Offenbach läßt hinter dem Speziellen immer das Prinzipielle durchscheinen. So steckt in Menelaus das Urbild des gehörnten Ehemanns, in Styx der tölpelhafte Diener, in Achilleus und den beiden Ajax der kraftstrotzende Angeber. Hinter Jupiter verbirgt sich nicht nur Napoleon III., sondern ganz allgemein der betrogene Betrüger.

Interessanter noch sind die Frauengestalten. Eurydice und Helena gehören zwar zunächst dem bereits vorgezeichneten und bewährten Typ der unverstandenen, liebebedürftigen Frau an. Aber sie weisen darüber hinaus. Besonders Helena wird zum Ideal eines neuen Frauentypus, zur Inkarnation ausgesprochen sinnlich faszinierender Schönheit und erotischer Pikanterie, die bis in den Vamp-Typus der Gegenwart lebendig geblieben ist.

Offenbachs Kritik entzündet sich zwar an bestimmten Persönlichkeiten seiner Zeit, karikiert aber letzten Endes Schwächen und Auswüchse jeder Verfallzeit, man kann geradezu sagen, der Verfallszeit schlechthin. Nun war Offenbach viel zu sehr Kind seiner Zeit, als daß er sie nicht nur kritisiert, sondern auch heiß geliebt hätte. Daher das Irisierende seiner Stücke, die gleichzeitig anklagen und verherrlichen, verspotten und verzaubern, den Zuschauer immer genau um soviel im Ungewissen lassen, wo er sich gerade befindet, daß die Spannung nie nachläßt.

Aus einem Programmheft des Gärtnerplatztheaters, München
1959/60

WERKVERZEICHNIS

1. Instrumental- und Vokal-Werke

VB.   Für die reinen Vokal- und Instrumentalwerke Offenbachs wurde das Verzeichnis dieser Werke in der Offenbach-Biographie von Anton Henseler (Berlin 1930) benutzt.

1833   Divertimento über Schweizerlieder für das Violoncello mit Begleitung von 2 Violinen, Viola und Baß, componirt und seinem Lehrer dem Herrn Bernhard Breuer achtungsvoll gewidmet von Jacob Offenbach. In Commission bei J. M. Busch Cöln.

1836   Die Jungfrauen, suite de Valses (Gespielt im Jardin Turc)
Fleurs d'hiver, suite de Valses
Les Amazones, Nouvelle suite de Valses

1837   Rebecca, Valse sur des Motifs Israélites du XVme siècle (Jardin Turc)
Brunes et blondes, valses

1838   Les trois Grâces. Suite de Valses (Concerts St. Honoré)
(Nach Louis Schneider:) Pauvre Prisonnier, Romance, dem Sänger Ponchard gewidmet. Le Sylphe, Romance. (Nach Schneider Offenbachs Schwester Arabella [?] gewidmet.) Ronde tyrolienne avec accompagnement de piano et hautbois

1839   Introduction et Valse mélancolique pour Violoncelle avec Accomp. de Piano ... dédiée à Mr. Norblin, Professeur au Conservatoire et Violoncelle Solo de l'Académie Rle de Musique par son Elève Jacques O. op 14
Rêveries. Six Mélodies par F. de Flotow et J. Offenbach
1. La harpe Eolienne; 2. Scherzo; 3. Polka de Salon; 4. Chanson d'autrefois; 5. Les Larmes; 6. Rédowa brillante.
Chants du soir Piano & Violoncelle par F. de Flotow & J. Offenbach
1. Au bord de la Mer; 2. Souvenir de Bal; 3. La Prière du Soir; 4. La Retraite; 5. Ballade du Pâtre; 6. Danse Norvégienne.
Jalousie! Romance dramatique. Paroles d'Aimé Gourdin. (Ménestrel VI, No. 17.)
Fantasie über Themas polnischer Lieder für Violoncelle. (In Paris am 25. April 1841 als «Fantasie sur des Thèmes russes».)
J'aime la Rêverie. Romance. Paroles de Mme la Baronne de V ... (Vaux?). (Ménestrel VI, No. 31 vom 30. Juni.)
Großes Duo über Motive aus der Stummen von Auber, komponiert von Jakob und Julius Offenbach. (Konzerte in Köln vom 2. Mai 1839 und vom 10. November 1840.)
École du Violoncelle pour 2 Violoncelles, op. 19–21. Später als 4. Heft op. 34

1840   Grande Scène espagnole für Violoncelle mit Begleitung des Streichsextetts (Orchester)
1. Introduction-Prière; 2. Zambada (Rondes des muletiers); 3. Serenade; 4. Bolero. (Satz 1 und 4 als «Prière et Boléro» op. 22 herausgegeben.)

Rends-moi mon Ame. Romance dramatique. Poésie de Mr. Réboul de Nismes. Dem Sänger Roger gewidmet.

L'Attente, Romance

1841 Le Cor des Alpes. Solo pour Violoncelle

1842 Six Fables de Lafontaine mises en musique par J. O.

1. La Cigale et la Fourmi; 2. Le Renard et le Corbeau; 3. Le Loup et l'Agneau; 4. Le Financier et le Savetier; 5. Le Rat de Ville le Rat des Champs; 6. La Laitière et le Pot au Lait.

L'aveu du Page, romance; Dors mon enfant, mélodie; La Croix de ma mère, chansonette; Virginie au départ, romance dramatique; Doux Ménestrel, romance; L'Arabe à son coursier, chant pour voix de basse. (Bei A. Cotelle.)

1843 À toi, romance, paroles de Numa Armand; à Mlle Herminie de Alcain. (Mit dem Bilde Herminies auf dem Titel.)

Le Moine bourru. Duo bouffe pour Tenor et Basse. Paroles de Éd. Plouvier

Caprice sur la Romance de Joseph en Égypte de Méhul pour Vcelle.

Hommage à Rossini, große Concert-Fantasie. (Tell, Moses.)

Musette, air de danse. (Als op. 24 unter dem Titel «Musette, Air de Ballet du 17me Siècle» veröffentlicht.)

Große Concert-Phantasie. (Konzert im Kölner Theater.)

1844 Élegie pour Vcelle. (Später als «Deux âmes au ciel» op. 25 erschienen.)

Danse bohémienne pour Vcelle.

1845 Le Sylphe. Große Konzert-Fantasie für Violoncelle

Chants du Crépuscule, op. 29 pour Violoncelle et Piano

1. Souvenir du Val; 2. Sérénade; 3. Ballade; 4. Le Retour, Lied; 5. L'Adieu; 6. Pas Villageois.

Adagio et Scherzo pour 4 Violoncelles

1846 Meunière et Fermière. Duo bouffe. Paroles de M. Éd. Plouvier

Les Moissoneurs, chœur d'introduction et Ballade

Le Rendez-vous. Trio

Sarah la blonde, Séguidille. (Veröffentlicht in der «France Musicale».)

Marche chinoise pour le Violoncelle

Le Sergent recruteur. Paroles de M. Éd. Plouvier

Sérénade avec chœur

La Sortie de Bal, Romance. (Veröffentlicht in der «France Musicale».)

Le Langage des Fleurs, six Romances, Paroles de M. Éd. Plouvier

1. Branche d'Oranger; 2. Rose; 3. Ne m'oubliez pas; 4. Marguerite; 5. Églantine; 6. Paquerette.

Parodie der «Désert, Ode Symphonie» von Félicien David

1847 Las Campanillas, pour Violoncelle et jeu de clochettes

Cours méthodique de Duos pour 2 Violoncelles op. 49 bis 54

1848 Bürgerwehrlied mit Chorgesang, Gedicht von Sternau, in Musik gesetzt von unserem Landsmann J. Offenbach aus Paris. (Konzert des Bürgerwehr-Musikkorps in Deutz.)

Bleib bei mir. Lied, gedichtet von Sternau

Im grünen Mai, Lied, gedichtet von Sternau

Phantasie für Violoncelle über Themas aus der Nachtwandlerin

Ständchen, gedichtet von Sternau, für Tenor und Männerchor und obligater Begleitung von 4 Hörnern
Tarentelle, Lied ohne Worte für Vclle.
Leidvolle Liebe ⎫ Gedichte von Sternau,
Lebe wohl, herzlichster Schatz ⎰ für Tenor und Männerchor
Militärkonzert für Violoncelle
Der deutsche Knabe ⎫ Zwei deutsche Lieder für 1 Singstimme,
Das Vaterland ⎰ Gedichte v. H. Hersch

1849 «Si j'étais petit oiseau», Romance. (Pariser Konzert.)
La Course au traîneau, pour Vclle.

1850 Sérénade du Toréro. Paroles de Théophile Gautier
La Chansons de Fortunio. (Einlage zu «Le Chandelier» von A. de Musset.)

1851 Concertino pour Vclle.
Arie aus «Les Mariniers galants» von Rameau, für Vclle.
Strophes de Lycisca, Chantées dans «Valéria» par Mlle Rachel. Paroles d'Auguste Maquet et Jules Lacroix

1852 Fantaisie sur «Robert le Diable» pour sept Vclles.
Harmonies du Soir pour Vclle. op. 68
Les Voix mystérieuses, six mélodies. À son Altesse Impériale la Princesse Mathilde.
1. L'Hiver, romance dramatique (Armand Barthet); 2. La Chanson de Fortunio (A. de Musset); 3. Les Saisons (Jules Barbier); 4. Ma belle amie est morte, lamento (Th. Gautier); 5. La Rose foulée (Charles Poncy); 6. Barcarolle (Th. Gautier).

1853 Fantaisies faciles pour Vclle.:
op. 69 Richard Cœur de Lion. (Grétry)
op. 70 Jean de Paris. (Boieldieu)
op. 71 Le Barbier de Séville. (Rossini)
op. 72 Le Nozze di Figaro. (Mozart)
op. 73 Norma. (Bellini)
op. 74 Fantaisie facile sur différents motifs. (Monpou &.)
Mélodies pour Violoncelle seul aus den Opern: Parisina, Anna Bolena, L'Elisire d'Amore, Beatrice di Tenda
Gaîtés champêtres pour Vclle. op. 75. À Mme Jules Janin
Harmonies des Bois pour Vclle. op. 76
1. Le Soir, rêverie; 2. La Chanson de Berthe; 3. Les Larmes de Jacqueline, élégie. À Mme Arsène Houssaye
Zwischenakte zu «Bonhomme jadis» von Murger
Entr'actes et Mélodrame zu «Murillo» von Aylic Langlé
Lieder und Gesänge für eine Singstimme mit Begleitung des Pianofortes. (Köln, Schloß.) Cathrein was willst du mehr. Frl. Cath. Weyden zugeeignet: Mein Lieb gleicht dem Bächlein; Leb' wohl; Was fließet auf dem Felde

1854 Décaméron dramatique. Album du Théâtre-Français
Œuvres dansantes pour Piano par J. O.
1. Rachel, grande Valse; 2. Emilie, Polka-Mazurka; 3. Madeleine, Polka Villageoise; 4. Delphine, Redowa; 5. Augustine, Schottisch

des Clochettes; 6. Louise, grande Valse; 7. Maria, Polka-Mazurka;
8. Elisa, Polka-Trilby; 9. Nathalie, Schottisch du Tambourin; 10.
Clarisse, Varsoviana.

Sérénade zu «Le Songe d'une Nuit d'hiver» von Éd. Plouvier
Zwischenakte zu «Romulus» von Dumas
Le Décaméron ou la Grotte d'azur, légende napolitaine. Text von
Méry

1859   La Chanson de ceux qui n'aiment plus
1863   «Abendblätter», Walzer. Dem Wiener Journalisten-Verein «Concordia» gewidmet.
Der kleine Trommler. Männerchor und Tenorsolo. Dem Wiener Sän-
gerbund gewidmet.
1865 und 1870   Messen für die Hochzeiten der Töchter
1875   Les belles Américaines, Walzer
Le Fleuve d'Or, Walzer

2. Bühnenwerke

(nach einem von Offenbach selbst stammenden Verzeichnis, das 1880 in der
«Revue et Gazette musicale» veröffentlicht worden ist) A = Akte

1. Pascal et Chambord Musik zum Vaudeville (Text: A. Bourgeois u. E. Brisebarre)	2. 3. 1839 Palais-Royal
2. L'Alcôve Opéra comique 1 A (Text: De Forges u. De Leuven)	24. 4. 1847 Konzertsaal Tour d'Auvergne
Marielle (deutsche Bearbeitung von L'Alcôve) (Text: C. O. Sternau)	9. 1. 1849 Stadttheater Köln
Le Trésor à Mathurin (erste Fassung von Le Mariage aux lanternes) Opéra comique 1 A (Text: Léon Battu)	Mai 1853 Konzertsaal Herz
3. Pepito (Das Mädchen von Elizondo) Opéra comique 1 A (Text: L. Battu u. J. Moinaux)	8. 10. 1853 Variétés
4. Oyayaye ou la Reine des Isles Anthropophagie 1 A (Text: Jules Moinaux)	26. 6. 1855 Folies-Nouvelles
5. Entrez, Messieurs, Mesdames Prolog z. Eröffnung d. Bouffes (Text: Méry u. Servières [= Halévy]	5. 7. 1855 Bouffes-Parisiens

6. Les deux Aveugles Bouffonerie musicale 1 A (Text: Moinaux)	5. 7. 1855 Bouffes-Parisiens
7. La Nuit blanche Opéra comique 1 A (Text: Plouvier)	5. 7. 1855 Bouffes-Parisiens
8. Arlequin Barbier Ballet bouffe 1 A (Rossinis «Barbier» von Offenbach u. d. Pseudonym «Lange» arran- giert)	5. 7. 1855 Bouffes-Parisiens
9. Le Rêve d'une nuit d'été Saynète 1 A (Text: Tréfeu)	30. 7. 1855 Bouffes-Parisiens
10. Pierrot Clown Pantomime 1 A (Text: Jackson, Musik: Offenbach u. d. Pseudonym «Lange»)	30. 7. 1855 Bouffes-Parisiens
11. Le Violoneux (Martin der Geiger) Légende bretonne 1 A . (Text: Mestépès u. Chevalet)	31. 8. 1855 Bouffes-Parisiens
12. Polichinelle dans le monde Pantomime 1 A (Text: Busnach)	19. 9. 1855 Bouffes-Parisiens
13. Madame Papillon Bouffonerie 1 A (Text: Servières [= Halévy])	3. 10. 1855 Bouffes-Parisiens
14. Paimpol et Périnette Saynète lyrique 1 A (Text: De Forges)	29. 10. 1855 Bouffes-Parisiens
15. Ba-ta-clan Chinoiserie musicale 1 A (Text: Halévy)	29. 12. 1855 Bouffes-Parisiens
16. Le Postillon en gage Bouffonerie 1 A (Text: Plouvier u. Adenis)	9. 2. 1856 Bouffes-Parisiens
17. Tromb-al-cazar Bouffonerie 1 A (Text: Dupeuty u. Bourget)	3. 4. 1856 Bouffes-Parisiens
18. La Rose de Saint-Flour Operette 1 A (Text: M. Carré)	12. 6. 1856 Bouffes-Parisiens
19. Les Dragées de baptême 1 A (Text: Dupeuty u. Bourget) Les Bergers de Watteau 1 A (Text: Mathieu u. Placet, Musik: «Lange»-Offenbach)	18. 6. 1856 Bouffes-Parisiens 24. 6. 1856 Bouffes-Parisiens

20. Le «66»
Operette 1 A
(Text: De Forges u. De Laurencin)   31. 7. 1856
Bouffes-Parisiens

21. Le Savetier et le Financier
Opérette bouffe 1 A
(Text: H. Crémieux)   23. 9. 1856
Bouffes-Parisiens

22. La Bonne d'enfants
Opérette bouffe 1 A
(Text: Bercioux)   14. 10. 1856
Bouffes-Parisiens

23. Les trois Baisers du Diable
Opérette fantastique 1 A
(Text: Mestépès)   15. 1. 1857
Bouffes-Parisiens

24. Croquefer ou le dernier des paladins
(Ritter Eisenfraß)
Opérette bouffe 1 A
(Text: Jaime u. Tréfeu)   2. 2. 1857
Bouffes-Parisiens

25. Dragonette
Opérette bouffe 1 A
(Text: Jaime u. Mestépès)   30. 4. 1857
Bouffes-Parisiens

26. Vent du soir ou l'horrible Festin
Opérette bouffe 1 A
(Text: Gille)   16. 5. 1857
Bouffes-Parisiens

27. Une Demoiselle en loterie
Opérette bouffe 1 A
(Text: Jaime u. Crémieux)   27. 7. 1857
Bouffes-Parisiens

28. Le Mariage aux lanternes
(Verlobung bei der Laterne)
Operette 1 A
(Text: M. Carré u. L. Battu
[vgl. 2: Le Trésor à Mathurin]   10. 10. 1857
Bouffes-Parisiens

29. Les deux Pêcheurs
Bouffonerie musicale 1 A
(Text: Depeuty u. Bourget)   13. 11. 1857
Bouffes-Parisiens

30. Les Petits Prodiges
Folie musicale 1 A
(Text: Jaime u. Tréfeu, Musik v.
Jonas, von Offenbach die «Valse des
animaux»)   19. 11. 1857
Bouffes-Parisiens

31. Mesdames de la Halle
Opérette bouffe 1 A
(Text: Lapointe)   3. 3. 1858
Bouffes-Parisiens

32. La Chatte métamorphosée en femme
Operette 1 A
(Text: Scribe u. Melesville)   19. 4. 1858
Bouffes-Parisiens

33. Orphée aux enfers
(Orpheus in der Unterwelt)
Opéra bouffe 2 A, 4 Bilder
(Text: Crémieux)   21. 10. 1858
Bouffes-Parisiens

34. Un Mari à la porte   22. 6. 1859
Operette 1 A   Bouffes-Parisiens
(Text: Delacour u. Morand)
35. Les Vivandières de la Grande   6. 7. 1859
Armée   1 A   Bouffes-Parisiens
(Text: Jaime u. De Forges)
36. Geneviève de Brabant   19. 11. 1859
(Genovefa)   Bouffes-Parisiens
Opéra bouffe 2 A, 7 Bilder
(Text: Jaime u. Tréfeu)
2 Umarbeitungen:
3 A u. 9 Bilder   26. 12. 1867 Ménus Plaisirs
Opéra Féerie in 5 A.   25. 2. 1875 Gaîté
(Beide Umarbeitungen von
Crémieux u. Tréfeu)
37. Le Carnaval des Revues   10. 2. 1860
(Text: Grangé, Gille, Halévy)   Bouffes-Parisiens
Revue 1 A
(Darin die Wagner-Parodie
«La Symphonie de l'Avenir»
u. «La Tyrolienne de l'Avenir»)
38. Daphnis et Chloé   27. 3. 1860
Operette 1 A   Bouffes-Parisiens
(Text: Clairville u. Cordier)
39. Le Papillon   26. 11. 1860
Ballett 2 A, 4 Bilder   Große Oper, Paris
(Text: Taglioni u. St. Georges)
40. Barkouf   24. 12. 1860
Komische Oper 3 A   Komische Oper, Paris
(Text: Scribe u. Boisseau)
41. La Chanson de Fortunio   5. 1. 1861
(Fortunios Lied)   Bouffes-Parisiens
Operette 1 A
(Text: Crémieux u. Halévy)
42. Le Pont des soupirs   23. 3. 1861
(Die Seufzerbrücke)   Bouffes-Parisiens
Opéra bouffe 2 A, 4 Bilder
(Text: Crémieux u. Halévy)   1875 Variétés
Umarbeitung in 4 A, 5 Bilder
43. Mr. Choufleury restera chez lui   14. 9. 1861
le ...   Bouffes-Parisiens
(Salon Pitzelberger)
Opéra bouffe 1 A
(Text: St. Rémy [= Herzog v. Mor-
ny], Halévy, Crémieux, Lépine)
44. Apothicaire et Perruquier   17. 10. 1861
Operette 1 A   Bouffes-Parisiens
(Text: Elie Frébault)

45. Le Roman comique   10. 12. 1861
  Opéra bouffe 3 A   Bouffes-Parisiens
  (Text: Crémieux u. Halévy)
46. Monsieur et Madame Denis 11. 1. 1862
  Operette 1 A   Bouffes-Parisiens
  (Text: Delaporte u. Laurencin)
47. Le Voyage de MM. Dunanan père 23. 3. 1862
  et fils   Bouffes-Parisiens
  Opéra bouffe 3 A
  (Text: Siraudin u. Moinaux)
48. Jacqueline   14. 10. 1862
  (Dorothea)   Bouffes-Parisiens
  Operette 1 A
  (Text: Paul d'Arcy [= Crémieux u.
  Halévy], Musik: «Lange»-Offen-
  bach)
49. Les Bavards   12. 6. 1862
  (Die Schwätzerin von Saragossa) Kurtheater in Bad Ems
  Opéra bouffe 2 A   20. 2. 1863
  (Text: Nuitter)   Bouffes-Parisiens
50. Le Brésilien   9. 5. 1863
  (Fürst Apaculpo)   Palais-Royal
  Vaudeville 1 A
  (Text: Meilhac u. Halévy)
51. Lieschen und Fritzchen 1863 Kurtheater in Bad Ems
  Conversation alsacienne 1 A 5. 1. 1864
  (Text: Boisselot)   Bouffes-Parisiens
52. L'Amour chanteur   5. 1. 1864
  Operette 1 A   Bouffes-Parisiens
  (Text: Nuitter u. Lépine)
53. Il Signor Fagotto   1863 Kurtheater in Bad Ems
  (Dr. Hanslick gewidmet) 13. 1. 1864
  Operette 1 A   Bouffes-Parisiens
  (Text: Nuitter u. Tréfeu)
54. Die Rheinnixen   8. 2. 1864
  Große romantische Oper Hofoper, Wien
  3 A (durchkomponiert)
  (Text: Nach dem Französischen v.
  Nuitter, deutsch v. Alfred v. Wol-
  zogen)
55. Les Géorgiennes   16. 3. 1864
  (Die schönen Weiber von Georgien) Palais-Royal
  Opéra bouffe 3 A
  (Text: Moinaux)
56. Jeanne qui pleure et Jean qui rit 1864 Kurtheater in Bad Ems
  Operette 1 A   16. 12. 1865
  (Text: Crémieux u. Gille) Bouffes-Parisiens
57. Le Fifre enchanté ou   9. 7. 1864

le soldat magicien   Kurtheater in Bad Ems
(Der Regimentszauberer)   30. 9. 1868
Operette 1 A   Bouffes-Parisiens
(Text: Nuitter u. Tréfeu)

58. La Belle Hélène   17. 12. 1864
(Die schöne Helena)   Variétés
Opéra bouffe 3 A
(Text: Meilhac u. Halévy)

59. Coscoletto ou le lazzarone   24. 7. 1865
Opéra comique 2 A   Kurtheater in Bad Ems
(Text: Nuitter u. Tréfeu)

60. Les Refrains des Bouffes   21. 9. 1865
Revue 1 A   Bouffes-Parisiens

61. Les Bergers   11. 12. 1865
Opéra comique 3 A   Bouffes-Parisiens
(Text: Crémieux u. Gille)

62. Barbe-bleu   5. 2. 1866
(Blaubart)   Variétés
Opéra bouffe 3 A
(Text: Meilhac u. Halévy)

63. La Vie parisienne   31. 10. 1866
(Pariser Leben)   Palais-Royal
Pièce en 5 actes mêlée de chant
(Text: Meilhac u. Halévy)

64. La Grande-Duchesse de Gerolstein   12. 4. 1867
(Die Großherzogin von Gerolstein)   Variétés
Opéra bouffe 3 A
(Text: Meilhac u. Halévy)

65. La Permission de dix heures   1867 Kurtheater in Bad Ems
(Urlaub nach dem Zapfenstreich)   1873 Renaissance-Theater Paris
Operette 1 A
(Text: Mélesville u. Carmouche)

66. La Leçon de chant   1867 Kurtheater in Bad Ems
Bouffonerie 1 A   1873 Marigny, Paris
(Text: E. Bourget)

67. Robinson Crusoe   23. 11. 1867
Opéra comique 3 A   Opéra-Comique, Paris
(Text: Cormon u. Crémieux)

68. Le Château à Toto   6. 5. 1868
Opéra bouffe 3 A   Palais-Royal
(Text: Meilhac u. Halévy)

69. L'Île de Tulipatan   30. 9. 1868
(Die Insel Tulipatan)   Bouffes-Parisiens
Bouffonerie 1 A
(Text: Chivot u. Duru)

70. La Périchole   6. 10. 1868
Opéra bouffe 2 A (später 3 A)   Variétés
(Text: Meilhac u. Halévy)

71. Vert-Vert
    (Kakadu)
    Opéra comique 3 A
    (Text: Meilhac u. Nuitter)

    10. 3. 1869
    Opéra-Comique, Paris

72. La Diva
    (Die Theaterprinzessin)
    Opéra bouffe 3 A
    (Text: Meilhac u. Halévy)

    22. 3. 1869
    Bouffes-Parisiens

73. La Princesse de Trébizonde
    (Die Prinzessin von Trapezunt)
    Opéra bouffe 2 A (später 3 A)
    (Text: Nuitter u. Tréfeu)

    31. 7. 1869
    Kurtheater Baden-Baden
    7. 12. 1869
    Bouffes-Parisiens

74. Les Brigands
    (Die Banditen)
    Opéra bouffe 3 A
    (Text: Meilhac u. Halévy)

    10. 12. 1869
    Variétés

75 La Romance de la Rose
    Operette 1 A
    (Text: Tréfeu u. Prével)

    11. 12. 1869
    Bouffes-Parisiens

76. Boule de Neige
    (Umarbeitung von Barkouf, Nr. 40)
    Opéra bouffe 3 A
    (Text: Nuitter u. Tréfeu)

    14. 12. 1871
    Bouffes-Parisiens

77. Le Roi Carotte
    (König Mohrrübe)
    Opéra bouffe-féerie 4 A, 18 Bilder
    (Text: V. Sardou)

    15. 1. 1872
    Gaîté

78. Fantasio
    (Dr. Hanslick gewidmet)
    Opéra comique 3 A
    (Text nach der Komödie v. Alfred
    de Musset v. Paul de Musset)

    18. 1. 1872
    Opéra-Comique, Paris

79. Fleurette
    (Näherin und Trompeter)
    Operette 1 A
    (Text: Kopp u. Zell)

    8. 3. 1872
    Carl-Theater, Wien

80. Der schwarze Korsar
    (Le Corsaire noir)
    Komische Oper 3 A
    (angeblich ist Offenbach hier sein
    eigener Textverfasser)

    21. 9. 1872
    Theater an der Wien

81. Les Braconniers
    (Die Wilddiebe)
    Opéra bouffe 3 A
    (Text: Chivot u. Duru)

    29. 1. 1873
    Variétés

82. Le Gascon (Drama)
    Bühnenmusik von J. O.
    (Text: Th. Barrière)

    2. 9. 1873
    Gaîté

83. Pomme d'Api (Onkel hats gesagt) Operette 1 A (Text: Busnach u. Halévy)	4. 9. 1873 Renaissance-Theater, Paris
84. La Jolie Parfumeuse (Schönröschen) Opéra comique 3 A (Text: Blum u. Crémieux)	29. 11. 1873 Renaissance-Theater, Paris
85. Bagatelle Operette 1 A (Text: Blum u. Crémieux)	21. 5. 1874 Bouffes-Parisiens
86. Madame l'Archiduc Opéra bouffe 3 A (Text: Halévy u. Millaud)	31. 10. 1874 Bouffes-Parisiens
87. La Haine Drama mit Musik von J. O. (Text: V. Sardou)	3. 12. 1874 Gaîté
88. Wittington et son chat Féerie 4 A (nach d. Franz. von Nuitter u. Tréfeu, engl. v. Farmie)	2. 1. 1875 Alhambra, London
89. Les Hannetons Revue 3 A (Text: Grangé u. Millaud)	22. 4. 1875 Bouffes-Parisiens
90. La Boulangère a des écus (Die Millionenbäckerin) Opéra bouffe 3 A (Text: Meilhac u. Halévy)	10. 10. 1875 Variétés
91. La Créole (Die Kreolin) Opéra comique 3 A (Text: A. Millaud)	3. 11. 1875 Bouffes-Parisiens
92. Le Voyage dans la lune Opéra féerie 4 A (Text nach Jules Verne v. Vanloo, Leterrier u. Mortier)	26. 11. 1875 Gaîté
Tarte à la Crème (Nur ein Walzer) ‹Valse› 1 A (Text: A. Millaud)	14. 12. 1875 Bouffes-Parisiens
93. Pierette et Jacquot Operette 1 A (Text: Noriac u. Gille)	14. 10. 1876 Bouffes-Parisiens
94. La Boîte au lait Operette 4 A (Text: Grangé u. Noriac)	3. 11. 1876 Bouffes-Parisiens
95. Le Docteur Ox Opéra bouffe	26. 1. 1876 Variétés

3 A, 6 Bilder
(Text nach Jules Verne v. Mortier
u. Gille)

96.	La Foire Saint-Laurent Opéra bouffe 3 A (Text: Crémieux u. St. Albin)	10. 2. 1877 Folies-Dramatiques
97.	Maître Peronilla Opéra bouffe 3 A Librettist ungenannt [Offenbach, Nuitter u. Ferrier]	13. 3. 1878 Bouffes-Parisiens
98.	Madame Favart Opéra comique 3 A (Text: Chivot u. Duru)	28. 12. 1878 Folies-Dramatiques
99.	La Marocaine Opéra comique 3 A (Text: Blum, Blau u. Toché)	13. 1. 1879 Bouffes-Parisiens
100.	La Fille du Tambour-Major Opéra comique 3 A, 4 Bilder (Text: Chivot u. Duru)	13. 12. 1879 Folies-Dramatiques
101.	Belle Lurette (Die schöne Lurette) Opéra bouffe 3 A (Text: Paul Ferrier u. Halévy)	30. 10. 1880 Renaissance-Theater, Paris
102.	Les Contes d'Hoffmann (Hoffmanns Erzählungen) Opéra fantastique 4 A (Text: J. Barbier u. M. Carré)	10. 2. 1881 Opéra-Comique, Paris
	Mam'zelle Moucheron Operette 1 A (Text: Leterrier u. Vanloo; bereits 1870 vollendet)	10. 5. 1881 Renaissance-Theater, Paris

———————

Zu der Musik nachgelassener, vergessener und selten gespielter Kompositionen Offenbachs wurden folgende Opern bzw. Operetten nach neuen Textbüchern zusammengestellt:

«Die Heimkehr des Odysseus» (1913) und
«Die glückliche Insel» (1917) von Leopold Schmidt
«Der Goldschmied von Toledo» (1919) von Stern und Zamara
«Das blaue Hemd von Ithaka» (1930): Buch von Carl Rössler nach einer
Idee von Lion Feuchtwanger, von Ernst Römer

BIBLIOGRAPHIE

(Auswahl)

1. Biographien

ARGUS: Célébrités dramatiques: Jacques Offenbach. Paris 1872
BEKKER, PAUL: Jacques Offenbach. Berlin 1909 (Die Musik. 31/32)
BRANCOUR, RENÉ: Offenbach. Paris 1929 (Les musiciens célèbres)
BRINDEJONT-OFFENBACH, JACQUES: Offenbach, mon grand-père. Paris 1940
DECAUX, ALAIN: Offenbach, König des Zweiten Kaiserreichs. München 1960
HANSLICK, EDUARD: Jakob Offenbach. Berlin 1884 (Aus dem Opernleben der Gegenwart)
HENSELER, ANTON: Jakob Offenbach. Berlin 1930
KRACAUER, S.: Jacques Offenbach und das Paris seiner Zeit. Amsterdam 1937 – Neuausg.: Pariser Leben. J. Offenbach und seine Zeit. München 1962
KRISTELLER, HANS: Der Aufstieg des Kölners Jacques Offenbach. Ein Musikerleben in Bildern. Berlin 1931
MARTINET, ANDRÉ: Offenbach, sa vie et son œuvre. Paris 1887
SCHNEIDER, LOUIS: Offenbach. Paris 1923
SCHNEIDEREIT, OTTO: Jacques Offenbach. Leipzig 1966
SILBERMANN, ALPHONS: Das imaginäre Tagebuch des Herrn Jacques Offenbach. Berlin 1960
WOLFF, ALBERT: Notice biographique [Vorwort zu Offenbachs «Notes d'un musicien en voyage»]. Paris 1877

2. Memoiren, Tagebücher, Briefe

FLOTOW, FRIEDRICH VON: Erinnerungen. In: Deutsche Revue 1881
FLOTOW, ROSA VON: Friedrich von Flotows Leben. Leipzig 1892
HALÉVY, LUDOVIC: Notes et souvenirs 1871–1872. Paris 1889
HALÉVY, LUDOVIC: Carnets. Publiés avec une introduction et des notes par Daniel Halévy. Paris 1929
HANSLICK, EDUARD: Aus meinem Leben. Berlin 1911
HOUSSAYE, ARSÈNE: Souvenirs de jeunesse (1830–1850). Paris 1896
HOUSSAYE, ARSÈNE: Confessions, souvenirs d'un demi-siècle (1830–1890). Paris 1885–1891
NIETZSCHE, FRIEDRICH: Briefe an Peter Gast. Leipzig 1924
OFFENBACH, JACQUES: Histoire d'une valse. Paris ca. 1876
OFFENBACH, JACQUES: Offenbach en Amérique, notes d'un musicien en voyage. Paris 1877 – Dt. Ausg. von Reinhold Scharnke. Berlin 1957
OFFENBACH, JACQUES: Meyerbeer. In: L'Autographe v. 18. Mai 1864
OFFENBACH, JACQUES: Vorwort zum 1. Band der «Soirées Parisiennes» von Arnold Mortier. Paris 1875
TÉNÉO, MARTIAL: J. O. d'après des documents inédits. In: Le Mercure Musical. Paris 1911

VIEL-CASTEL, COMTE HORACE DE: Mémoires sur le règne de Napoléon III.
    Paris 1833
VIEL-CASTEL, COMTE HORACE DE: Commérages en marge du Second Empire.
    Paris 1930
VILLEMESSANT, H. DE: Mémoires d'un Journaliste. Paris 1867, 1872
WOLFF, ALBERT: Mémoires d'un Parisien. La Gloire à Paris. Paris 1886
WOLFF, ALBERT: Mémoires d'un Parisien. La Gloriole. Paris 1888

3. Pariserisches

ABRAHAM, ÉMILE: Les acteurs et les actrices de Paris. Paris 1852
D'ARISTE, PAUL: La vie et le monde du Boulevard (1830–1870). Paris 1930
BAC, FERDINAND: Intimités du Second Empire. Paris 1931–1932
BEAUMONT-VASSY, VIC. DE: Histoire intime de Second Empire. Paris 1874
BULLE, CONSTANTIN: Geschichte des Zweiten Kaiserreichs. Berlin 1890
CHADOURNE, ANDRÉ: Les Cafés-Concerts. Paris 1880
CLAUDIN, GUSTAVE: Mes souvenirs. Les Boulevards de 1840 à 1870. Paris
    1884
CROISSET, FRANCIS DE: La vie parisienne au théâtre. Paris 1929
GUTZKOW, KARL: Paris und Frankreich in den Jahren 1834–1874. (Ges. Wer-
    ke I, VII) Jena
LASALLE, ALBERT DE: Histoire des Bouffes-Parisiens. Paris 1860
LOLIÉE, FRÉDÉRIC: Le duc de Morny et la Société du Second Empire. Paris
    1909
MEILHAC, HENRI: Contes parisiens du Second Empire. Paris 1904
MEILHAC, HENRI: La Comédie du Cercle. Paris 1890
MIRECOURT, EUGÈNE DE: Histoire contemporaine: Villemessant. Paris 1867
MOREL, HENRY: Hortense Schneider. Paris 1867
MORIENVAL, JEAN: Les Créateurs de la Grande Presse en France (Émile de
    Girardin/Henri de Villemessant/Moïse Millaud). Paris 1931
MORTIER, ARNOLD: Les Soirées parisiennes. Préface de Jacques Offenbach.
    Paris 1875
NORDAU, MAX: Paris. Studien und Bilder aus dem wahren Milliardenlande.
    [Darin: Der Pariser Aristophanes]. Leipzig 1881
NORDAU, MAX: Paris unter der Dritten Republik. Neue Bilder aus dem wah-
    ren Milliardenlande. Leipzig 1881
WOLFF, ALBERT: La capitale d'art. Paris 1886
ZOLA, ÉMILE: Nana. Paris 1880 – Dt. Ausg. von Walter Widmer. München
    1952

4. Kölnisches

BAYER, JOSEPH: C. Cramer und J. Offenbach. In: Der Kölsche Boor, 4. 2. 1917
BAYER, JOSEPH: Jakob Offenbach als Kölner. In: Kölsch Levve I, 6, 1921
BAYER, JOSEPH: Humorrhoidaria. In: Jahrbuch des Kölner Geschichtsver-
    eins 5. Köln 1922

Dresen, J.: Köln im tollen Jahr 1848. Köln 1901

Ennen, Leonhard: Zeitbilder aus der neueren Geschichte der Stadt Köln. Köln 1857

Firmenich, M.: Die Kölner in Paris. Köln 1832

Heyden, O.: Das Kölner Theaterwesen im 19. Jahrhundert. Köln 1939

Jacob, M.: Kölner Theater im 19. Jahrhundert. Köln 1923

Kahl, Willy: Musik und Musikleben im Rheinland. Köln 1923

Kipper, Hermann: Musik und Theater im alten Köln. In: Colonia, 1. Okt. 1882 f

Merlo, J. J.: Zur Geschichte des Kölner Theaters im 18. und 19. Jahrhundert. In: Annalen des historischen Vereins f. d. Niederrhein. Köln 1890

Mies, Paul: Musik in Köln. In: Festschrift Köln 1948

Niessen, Carl: Das rheinische Puppenspiel. Bonn 1928

Oepen, Heinz: Beiträge zur Geschichte des Kölner Musiklebens 1760–1840. Köln 1955

Pasqué, Ernst: Aus Offenbachs Lehrjahren. Erinnerungen eines Kölners. In: Über Land und Meer 6 (1881)

Pasqué, Ernst: Musikantengeschichten. Dresden–Leipzig 1888

Schorn, Karl: Lebenserinnerungen. Bonn 1898

Silbermann, Alphons: Vom Beitrag der Juden zum Kölner Musikleben. In: Die Juden in Köln. Köln 1959

Stoll, E.: Das Theater in Krähwinkel. Köln 1830

Stoll, E.: Kölns Karneval, wie er war, ist und sein wird. Köln 1839

Walter, W.: Der Karneval in Köln. Köln 1873

Wolff, Karl: Hundert Jahre Musikalische Gesellschaft Köln. Köln 1912

5. Jüdisches

Ackermann, A.: Der synagogale Gesang in seiner historischen Entwicklung. Trier 1894

Berl, Heinrich: Das Judentum in der Musik. Stuttgart 1924

Brisch, Carl: Die Geschichte der Juden in Köln und Umgebung. Köln 1879

Deutsch, Moritz: Vorbeterschule. Leipzig 1871

Drumont, Ed.: La France Juive. Paris ca. 1885

Friedmann, A.: Der synagogale Gesang. Leipzig 1908

Fuchs, Eduard: Die Juden in der Karikatur. München 1921

Kohut, Adolf: Berühmte israelitische Männer und Frauen. Berlin 1900–1901

Nettl, Paul: Alte jüdische Spielleute und Musikanten. Prag 1924

Offenbach, Isaac: Hagadah. Köln 1838

Offenbach, Isaac: Allgemeines Gebetbuch für die israelitische Jugend. Köln 1839

Seligmann, Cäsar: Geschichte der jüdischen Reformbewegung von Mendelssohn bis zur Gegenwart. Frankfurt a. M. 1922

Silbermann, Alphons: Vom Beitrag der Juden zum Kölner Musikleben. In: Die Juden in Köln. Köln 1959

Wagner, Richard: Das Judentum in der Musik. Leipzig 1850

WEYDEN, ERNST: Geschichte der Juden in Köln von den Römerzeiten bis auf die Gegenwart. Köln 1867

ZUNZ, LEOPOLD: Die gottesdienstlichen Vorträge der Juden. Berlin 1832

6. Allgemeines – Geschichtliches – Offenbach-Renaissance

BIE, OSCAR: Der Tanz. Berlin 1906

BIE, OSCAR: Die Oper. Berlin 1916

BRINDEJONT-OFFENBACH, JACQUES: Cinquante ans d'Opérette. In: Cinquante ans de Musique Française. Paris 1925

BÜLOW, HANS VON: Gesammelte Briefe und Schriften. Leipzig 1907

CZECH, STAN: Das Operettenbuch. Stuttgart 1960

FRIEDELL, EGON: Kulturgeschichte der Neuzeit. München 1927–1931

GREGOR, JOSEPH: Weltgeschichte des Theaters. Zürich 1933

GRUN, BERNARD: Kulturgeschichte der Operette. München 1961

HANSLICK, EDUARD: Die moderne Oper. 3 Bde. Berlin 1875–1884

Hoffmanns Erzählungen. Ein Sonderdruck der Deutschen Buchgemeinschaft anläßlich der Max Reinhardt-Inszenierung. Berlin 1931

HOLL, KARL: Geschichte des deutschen Lustspiels. Leipzig 1923

ISTEL, EDGAR: Die komische Oper. Stuttgart 1906

KAUBISCH, HERMANN: Operette. Berlin 1955

KELLER, OTTO: Die Operette in ihrer geschichtlichen Entwicklung. Wien 1926

KINDERMANN, HEINZ: Theatergeschichte Europas. Bd. 7. Salzburg 1965

KLEMPERER, VIKTOR: Geschichte der französischen Literatur. Bd. 5. Leipzig 1926

KRAUS, KARL: Programme «Theater der Dichtung». In: Die Fackel. Wien 1926 f

KRAUS, KARL: Texte der Neubearbeitungen. In: Die Fackel. Wien 1927 f

KRAUS, KARL: Grimassen über Kultur und Bühne. Wien 1909

KRAUS, KARL: Offenbach-Renaissance. In: Die Fackel Nr. 757–758, Wien, April 1927

KRAUS, KARL: Offenbach-Zyklus. Um Offenbach. In: Die Fackel Nr. 811–819, Wien, August 1929

KRAUS, KARL: Die Kreolin. In: Die Fackel Nr. 916, Wien, November 1935

MARX, KARL: Der achtzehnte Brumaire des Louis Bonaparte. Hamburg 1869

MARX, KARL: Der Bürgerkrieg in Frankreich. Leipzig o. J.

MARX, KARL: Die Klassenkämpfe in Frankreich. Berlin 1920

RIEGER, ERWIN: Offenbach und seine Wiener Schule. Wien 1920

SAINT-SAËNS, CAMILLE: Harmonie et mélodie. Paris 1889

SCHNEIDER, LOUIS: Les maîtres de l'opérette française: Hervé. Lecocq. Paris 1924

SCHNEIDEREIT, OTTO: Das Operettenbuch. Berlin 1958

WESTERMEYER, KARL: Die Operette im Wandel des Zeitgeistes, von Offenbach bis zur Gegenwart. München 1931

WÜRZ, ANTON: Operettenführer. Stuttgart 1951

Nachtrag zur Bibliographie

1. Bibliographien

Folstein, Robert L.: A bibliography on Jacques Offenbach. Ed. by Stephen
Willis. In: Current musicology. 12. 1971. S. 116–128
Jacques Offenbach 1819–1880. In: Bibliographische Kalenderblätter. 11.
1969. F. 6. S. 44–48

2. Untersuchungen

Bollert, Werner: Mit Offenbach-Einaktern ‹auf die Dörfer›. In: Musica.
31. 1977. H. 3. S. 249–50
Brincken, Anna Dorothea von den: Jacques Offenbach. In: Rheinische Le-
bensbilder. 5. 1973. S. 151–173
Decaux, Alain: Offenbach, roi du Second Empire. Paris 1970
Eisenberg, Anna: Jacques Offenbach: ‹Hoffmanns Erzählungen›. Analyse
der szenischen Bearbeitung. Köln Dissertation 1974
Hacks, Peter: Die schöne Helena von Jacques Offenbach. In: Theater der
Zeit. 21. 1966. H. 1. S. 30
Huffman, Richard S.: Les contes d'Hoffmann: unity of form in the libret-
to. In: Studies in romanticism. 15. 1976. S. 97–118
Irmer, Hans Jochen: Jacques Offenbachs Werke in Wien und Berlin. Zum
150. Geburtstag des Komponisten. In: Wissenschaftliche Zeitschrift der
Humboldt Universität zu Berlin. Gesell. u. sprachwiss. Reihe. 18. 1969.
S. 125–245
Jacques Offenbach. Ausstellung aus Anlaß der 150. Wiederkehr des Ge-
burtstages des Komponisten am 20. 6. 1969. Katalog. Bearb. von Anna
Dorothea von den Brincken. Köln 1969
Kracauer, Siegfried: Offenbach und das Paris seiner Zeit. Frankfurt a. M.
1976. (Kracauer: Schriften Bd. 8)
Mailer, Franz: Jacques Offenbach – Ein Pariser in Wien: In: Österreichi-
sche Musikzeitschrift. 27. 1972. S. 246–262
Schmidt-Garre, Helmut: Offenbach und das 2. Kaiserreich gehören zusam-
men. In: Neue Zeitschrift für Musik. 130. 1969. S. 283–289
Schneider, Otto: Jacques Offenbach ‹Die Prinzessin von Trapesunt› und
Wien. In: Österreichische Musikzeitschrift. 21. 1966. S. 235–238
Le sciècle d'Offenbach. In: Jahrbuch der komischen Oper. Berlin 4. 1963/64.
S. 25–57
Unger, Wilhelm: Als er noch ein Kind war in Colonia. Zum 150. Geburts-
tag von Jacques Offenbach. In: Köln. Vierteljahrsschrift für die Freunde
der Stadt Köln. 1969. H. 2. S. 107–112
Wagner, Rainer: Die Neufassung von Hoffmanns Erzählungen. Wien. In:
Musica. 31. 1977. H. 2. S. 137–38
Werba, Erik: Hoffmanns Erzählungen in der Staatsoper. In: Österreichische
Musikzeitschrift. 21. 1966. S. 642

NAMENREGISTER

Die kursiv gesetzten Zahlen bezeichnen die Abbildungen

187

ÜBER DEN AUTOR

P. Walter Jacob, geboren 1905 in Duisburg. Ausbildung in Berlin 1921 bis 1928: Staatliche Musikhochschule, Max-Reinhardt-Seminar des deutschen Theaters, Universität Berlin (Philosophie und Ästhetik, Theatergeschichte, Musikgeschichte, Musikwissenschaft). Assistententätigkeit am Stadttheater Berlin (1923–28). Selbständige künstlerische Tätigkeit als Oberspielleiter und Dramaturg, als Schauspieler und in fast allen Engagements auch Tätigkeit als Dirigent in Oper, Ballett und Operette an den Theatern der Städte Koblenz, Lübeck, Wuppertal, Essen, am Opernhaus Köln, am Landestheater Dessau und bei Radio Luxembourg. Daneben Aufenthalt in Paris, ausgedehnte Musikstudien, speziell über Offenbach. 1936 bis 1938 Deutsche Bühnen in der Tschechoslowakei. 1940 bis 1950 Direktor der Deutschen Bühne in Buenos Aires. 1950 bis 1962 Generalintendant der Städtischen Bühnen Dortmund (Opern- und Schauspielhaus). Seit 1963 freischaffend als Bühnen- und Fernseh-Darsteller. Gastspiel u. a. bei Piscator, Volksbühne Berlin, Städt. Bühnen in Frankfurt a. M., Köln, Staatstheater in Wiesbaden und Darmstadt. P. Walter Jacob starb am 20. Juli 1977.
Publikationen: Leo Blech. Monographie (Prismen-Verlag, Hamburg–Leipzig 1930); Zeitklänge. Musikgeschichtliche Abhandlungen u. Aufsätze (Verlag Cosmopolita, Buenos Aires 1945); Rampenlicht. Theatergeschichtliche Abhandlungen u. Aufsätze (Cosmopolita, Buenos Aires 1945); Taten der Musik. Richard Wagner und sein Werk, eingeleitet von Wieland Wagner (Deutsche Musikbücherei Gustav Bosse, Regensburg 1952); Richard Wagner (Kleine Musikbücherei Bd. 12, Hans Sikorski, Hamburg); El arte librico (Operngeschichte und Lebensbilder von 200 Opernkomponisten, Verlag Claridad, Buenos Aires 1944); La opera (Einziger spanischer Opernführer, Verlag Claridad, Buenos Aires 1944); Ricardo Wagner y su obra (Verlag Peuser, Buenos Aires 1947). Musikschriftstellerische Arbeit an Musikzeitschriften und in Tageszeitungen.

QUELLENNACHWEIS DER ABBILDUNGEN

Archiv für Kunst und Geschichte, Berlin: 6, 134 / Aus: Hans Kristeller, Der Aufstieg des Kölners Jacques Offenbach. Ein Musikerleben in Bildern (Berlin 1931): 8, 9, 11, 15, 26, 30, 39, 43, 44, 45, 55, 88, 112, 113, 127 / Aus: Anton Henseler, Jakob Offenbach (Berlin 1930): 12, 16, 34, 65, 86, 102 / Aus: Otto Schneidereit, Jacques Offenbach (Leipzig 1966): 14, 19, 32, 50, 56/57, 60, 64, 67, 73, 74, 82, 92, 115, 120, 140 / Rowohlt Archiv: 22, 46, 49 / Bibliothèque de l'Opéra, Paris: 27, 84/85 / Aus: Paul Bekker, Jacques Offenbach (Berlin 1909): 36, 90/91, 101, 103, 107, 123, 124, 154 / Aus: Offenbach in Amerika, übersetzt und bearbeitet von Reinhold Scharnke, Hesses kleine Musikbücherei Nr. 2 (Berlin 1957): 51, 128, 129, 145 / Bibliothèque Nationale, Paris: 58 / Aus: Alain Décaux, Offenbach – König des zweiten Kaiserreichs (München 1960): 59, 63, 77, 97, 139 / Verlag Bote und Bock, Berlin: 70, 94, 100 / Österreichische Nationalbibliothek, Wien: 79 / Bibliothèque des Arts Décoratifs, Paris: 142 / Programmheft der Düsseldorfer Oper, Februar 1955: 148/149 / Gärtnerplatztheater, München: 152/153

rowohlts bildmonographien

**Thema
Musik**

C 2055/5 a

**Thema
Literatur
Eine
Auswahl**